나를 살리는
하루 묵상

KB192367

옮긴이 마영례
동덕여대 경영학과를 졸업했다. 성경 번역선교회에서 사역한 후, 현재 프리랜서 번역가로 활동 중이다. 《기도의 힘》, 《끝에서 시작되다》, 《맥스 루케이도의 일곱 가지 이야기》, 《야베스의 기도》 등 다수의 책을 번역했다.

나를 살리는 하루 묵상

지은이 토머스 넬슨 편집부
옮긴이 마영례
펴낸이 임상진
펴낸곳 (주)넥서스

초판 1쇄 발행 2009년 4월 15일

2 판 1쇄 인쇄 2017년 1월 2일
2 판 1쇄 발행 2017년 1월 5일

출판신고 1992년 4월 3일 제311-2002-2호
10880 경기도 파주시 지목로 5 (신촌동)
Tel (02)330-5500 Fax (02)330-5555

ISBN 979-11-5752-993-3   03230

출판사의 허락 없이 내용의 일부를 인용하거나
발췌하는 것을 금합니다.

가격은 뒤표지에 있습니다.
잘못 만들어진 책은 구입처에서 바꾸어드립니다.

www.nexusbook.com
넥서스CROSS는 넥서스의 기독 브랜드입니다.

나를 살리는
하루 묵상

토머스 넬슨 편집부 지음 · 마영례 옮김

넥서스CROSS

나는 주님의 법을 묵상하며, 주님의 길을 따라가겠습니다.

주님의 율례를 기뻐하며, 주님의 말씀을 잊지 않겠습니다.

_시편 119:15~16, 새번역

하나님이 보내신 사랑의 편지

하나님께서는 당신을 창조세계의 일부이자 단 하나의 인격체로 사랑하신다. 하나님께서는 당신의 영혼을 사랑하시고 당신만의 독특한 개성을 사랑하신다.

성경을 깊이 묵상하면 할수록 당신을 향한 하나님의 무한하신 사랑을 점점 더 깊이 알게 될 것이다. 성경은 하나님께서 당신에게 보내신 사랑의 편지다. 그리고 그 러브레터에는 하나님의 약속으로 가득 차 있다.

그 약속은 특별히 당신에게 적용되는 것이다. 당신은 이 혼란한 시대를 분주히 살아가는 동안, 당신에게 특별히 요구되는 필요를 채우고 관심 영역을 돌아보며 맡은 바 일을 해야 한다. 하나님께서는 성경을 통해 그런 영역을 직접 언급하신다. 성경은 오늘날 그리스도인이 부딪힐 수 있는 모든 상황 속에서 꼭 필요한 소망과 도전, 격려와 지혜의 말씀을 제공한다. 당신이 궁금해하는 것을 성경이 답해줄 것이다.

이 책은 하나님께서 우리에게 주신 중요한 확신과 조언을 찾을 수 있도록 돕는다. 간결하게 구성된 각 장은, 짧은 성경구절을 통해 우리에게 필요한 영적·정서적·육체적·관계적 필요를 조명하고 있다. 그리고 각각의 장은 삶 속에서 쉽게 적용할 수 있는 지혜를 담고 있다.

하나님, 그리고 그분의 말씀과 다시 사랑에 빠져보라. 하나님의 약속을 누리고 도우심을 받으며, 삶을 변화시키는 진리의 말씀 안에서 힘을 얻으라. 이 책을 통해 하나님께서 당신에게 가슴으로 말씀하시는 것들을 발견하게 되기 바란다.

제1부

내 삶에
등불이 되는
묵상

분주함 속에서 누리는 평안함

너희는 가만히 있어 내가 하나님 됨을 알지어다 내가 뭇 나라
중에서 높임을 받으리라 내가 세계 중에서 높임을 받으리라
_시 46:10

오늘날을 사는 평범한 현대인을 매우 잘 묘사해주는 표현이
있다. 그 말은 "바쁘다, 바쁘다"이다. 특히 현대 여성들은 다른 사
람의 수많은 요구에 응하며 이런저런 일을 하고 이런저런 필요를
채우느라 늘 분주하다. 어떤 조사에 따르면 여성들은 아침에 일
어나서 잠자리에 들 때까지 계속 바삐 움직이느라 잠자는 시간까
지 줄이며 일한다고 한다.

이런 일상 가운데 무언가를 위해, 심지어는 하나님을 위해서라
도 삶의 속도를 늦춘다는 것은 상당히 힘든 일이다. 하지만 시간
을 내어 잠잠히 하나님의 주 되심을 되새기는 것은 매우 중요하
다. 이 짧은 시간은 영적인 삶뿐 아니라 육적인 삶에도 상당한 영

향을 미칠 것이다. 하나님과 함께하는 시간을 누리면서 하나님과 친밀한 관계를 맺으라. 하나님께 집중하면서 그분이 얼마나 광대하신 분인지 떠올리라. 그리고 모든 것을 아시고 어느 곳에나 계시며 우주의 중심이 되시는 하나님에 대해 묵상하라. 그렇게 하나님에 관한 큰 그림을 그려보라. (하나님을 작게 가두지 마라) 나에게 제한된 세상에 맞춰져 있던 초점을 하나님께로 돌리면서 삶에 대한 올바른 견해를 견지하라.

하나님 앞에서 보내는 조용한 시간을 따로 두라. 분주함을 잠시 놔둔 채 영적으로 새 힘을 얻는 그 조용한 시간은, 하나님 앞에서 자신이 어떤 존재인지 새롭게 깨닫는 가장 중요한 시간이 될 것이다. 하나님 앞에서 잠잠히 있을 때, 하나님의 음성 곧 온유하고 사랑 가득한 음성, 힘이 되고 확신을 주는 그 음성을 듣게 된다.

———

삶의 속도를 잠시라도 늦추십시오. 영혼을 돌보지 않고 지낼 정도로 분주해져서는 안 됩니다. 크신 하나님 앞에서 잠잠하게 가만히 있는 시간을 내십시오. 영혼이 충만해지는 휴식을 누리게 될 것입니다. 분주함 속에서 평안함을 누릴 수 있을 것입니다.

002

믿음으로 누리는 복

하나님이 세상을 이처럼 사랑하사 독생자를 주셨으니 이는 그를
믿는 자마다 멸망하지 않고 영생을 얻게 하려 하심이라 _요 3:16

누구나 잘 아는 요한복음 3장 16절은 모든 그리스도인이 취해
야 할 매우 중요한 말씀이다. 이 구절은 우리를 향한 하나님의 사
랑과 하나님께서 우리에게 주신 위대한 선물인 영원한 생명에 대
해 말씀하고 있다.

하나님께서는 우리가 상상할 수 있는 것 이상으로 우리를 사
랑하시며 온 세상을 사랑하신다. 하나님의 사랑은 어느 누구도
막을 수 없고, 영원하고 인격적이며 생명력 있다. 또한 그 사랑은
잡기만 하면 우리의 것이 된다. 그 사랑을 보이는 그대로 받아들
여라. 하나님께서 기뻐하실 것이다. 하나님께서는 지금까지 우리
가 기대했던 것 이상으로 베풀어주셨다. 가족을 비롯한 사랑하

는 사람, 먹거리와 입을 것, 잠잘 곳 등 우리가 즐거워할 수 있는 여러 가지를 우리에게 주셨다.

그렇지만 가장 좋은 선물은 따로 있다. 하나님께서 우리에게 보내주신 그분의 아들은 그 어떤 것보다 좋은 선물이다. 하나님께서는 아들을 주심으로 우리에게 모든 것을 내어주셨다. 그리고 하나님은 되도록 쉽게 하나님을 알 수 있도록 하셨다. 그런 그분께서 우리에게 요구하시는 것은 믿음뿐이다. 그저 하나님의 아들을 믿으라. 하나님의 말씀이 진리라는 사실을 믿으라. 그뿐이다. 그 이상은 아무것도 필요하지 않다. 이보다 더 쉽고 간단한 일은 별로 없을 것이다. 하나님께서는 믿는 것을 복잡하지 않게 하셨으며 언제나 쉽게 믿을 수 있도록 하셨다.

또한 모든 사람이 그분께서 주시는 선물을 받아들이기 원하신다. 예수님을 기꺼이 영접하고 믿으면 누구나 하나님이 주시는 모든 복을 얻는다. 하나님께서는 최고의 선물인 영원한 생명을 주셨고 사랑과 기쁨, 평안, 친구, 본향 등 살아가는 데 필요한 모든 것을 주셨다. 하나님은 우리에게 아무것도 아끼지 않으신다.

———

이 모든 좋은 선물은 요한복음 3장 16절에서 말하듯이 믿음으로 받을 수 있습니다. 이는 모든 곳의 모든 세대에게 주어진 큰 약속입니다. 우리는 단순히 예수님을 믿음으로써 하나님이 주시는 놀라운 복을 받아 누릴 수 있습니다.

003

나를 향한 하나님의 계획

어호와의 말씀이니라 너희를 향한 나의 생각을 내가 아나니 평
안이요 재앙이 아니니라 너희에게 미래와 희망을 주는 것이니라
_렘 29:11

깜짝 파티에서 그 파티를 가장 즐기는 사람이 파티를 통해 축
하받는 사람인지, 그 파티를 계획한 사람인지 헷갈릴 때가 종종
있다. 이렇듯 우리는 다른 사람을 위해 좋은 일을 계획하면서 큰
만족을 얻는다. 하나님도 사랑하는 사람들을 위해 좋은 일을 계
획하면서 큰 기쁨을 누리신다.

예레미야 29장 11절에 대해, 하나님을 사랑하면 모든 것이 완
벽하게 잘될 것이라고 해석하는 사람들이 있다. 그러나 꼭 그렇지
는 않다. 이 구절에서 분명히 하나님은 이스라엘 백성에게 밝은
미래를 약속하셨다. 하지만 그 모든 놀라운 일이 일어나기 전에
하나님의 백성은 70년 동안 바벨론에서 종살이를 할 것이다. 그

런 뒤 고국으로 돌아가 하나님께 헌신하는 새로운 나라를 건설할 것이다. 하나님은 이 모든 것을 알고 계셨다.

대다수의 이스라엘 백성은 종살이가 정말로 끝날지 의심스러웠을 것이다. 그들은 종으로 죽게 될 것을 염려했다. 그런 그들에게 하나님께서는 그들을 향한 하나님의 계획을 환기시키셨고, 날마다 그 계획을 이루어 가셨다. 그리고 그 놀라운 계획에 대해 들은 모든 사람은 더 낫고 아름다운 미래가 기다리고 있음을 믿고 희망을 품을 수 있었다.

성경은 자기 백성을 위한 하나님의 놀라운 사랑과 돌보심을 거듭 보여준다. 하나님께서는 각 사람을 아시며, 그들이 궁극적인 삶의 기쁨을 누리고 미래에 대한 기대감을 품도록 상세한 계획을 세워두셨다.

———

하나님께서는 당신과 사랑하는 사람들, 그리고 하나님을 사랑하는 모든 사람을 위한 놀라운 계획을 갖고 계십니다. 때때로 우리는 고난을 겪습니다. 그러나 하나님께서는 그분을 의지하고 신뢰하는 모든 사람을 위해 행복이 가득한 놀라운 미래를 준비해놓으셨습니다.

언제나 함께하시는 하나님

내가 네게 명령한 것이 아니냐 강하고 담대하라 두려워하지 말며
놀라지 말라 네가 어디로 가든지 네 하나님 여호와가 너와 함께
하느니라_수 1:9

여호수아는 어쩔 줄 몰라 당혹스러웠을 것이다. 이스라엘 백성
을 애굽의 압제에서 구해낸 지도자 모세가 세상을 떠났고 이제
여호수아가 모세를 이어 모든 책임을 떠맡게 되었다. 약속의 땅
을 찾아 40년을 헤맨 이스라엘 백성을 인도해야 하는 자리다. 통
제하기 힘든 유랑민을 지휘하여 약속의 땅으로 이끌어야 한다.
이스라엘 백성이 제일 먼저 해야 할 일은 하나님이 약속하신 땅
을 향해 싸우며 나아가는 것이었다. 여호수아는 그런 막중한 책
임을 맡기 힘들다고 생각했을지도 모른다. 그러나 하나님이 그에
게 확신을 심어주셨다.

해도 해도 끝이 없는 집안일과 제 고집대로 하려는 아이들, 스

트레스 가득한 직장 업무와 부족하기만 한 시간 앞에서, 당신도 여호수아처럼 당혹스러울 때가 있는가? 일과표와 해야 할 수많은 목록을 보면서 "이걸 어떻게 다 하지?"라고 소리칠지 모른다. 우리는 신실하지 않은 세상 속에서도 하나님의 말씀따라 신실하게 살아가기 위해 약속의 땅을 붙잡아야 한다.

하나님께서는 여호수아에게 주셨던 확신을 우리에게도 주신다. 우리도 강하고 담대할 수 있다. 확신을 갖고 두려워하지 않을 수 있다. 하나님이 모든 필요를 채워주시리라 믿으며 안심할 수 있다. 당황스러운 일을 만날 때, 어찌해야 할 바를 모를 때, 하나님이 걸음걸음마다 함께하신다는 사실을 기억하라. 집안일과 육아, 업무나 각종 일처리 때문에 뛰어다닐 때나 가족을 비롯한 다른 사람들을 돌보고 있을 때나 언제 어디서나 하나님이 함께하신다. 우리와 동행하며 힘과 용기와 확신을 불어넣어 주신다.

———

당신이 무력할 때, 하나님께서 힘과 능력을 주십니다. 하나님이 당신 안에서, 그리고 우리를 통해서 일하실 수 있게 해드리십시오. 하나님은 기꺼이 그렇게 하실 것입니다.

005

하 나 님 께 드 리 는 최 고 의 선 물 , 예 배

마리아는 지극히 비싼 향유 곧 순전한 나드 한 근을 가져다가 예
수의 발에 붓고 자기 머리털로 그의 발을 닦으니 향유 냄새가 집
에 가득하더라 _요 12:3

성경공부 모임(구역회나 속회 또는 다른 형태의 모임)에 참석하고
있다고 상상해보라. 그런데 어떤 여성이 느닷없이 무릎을 꿇고 성
경공부 인도자의 발에 세계에서 가장 비싼 향수를 붓는다면 아
마 오랫동안 기억에 남아 두고두고 회자될 것이다.

마리아가 예수님의 발에 향유를 부었을 때, 사람들은 그런 반
응을 보였다. 그 값비싼 향유는 아마도 그녀가 소중하게 보관하
던 아끼는 물건이었을 것이다. 그런데 그녀는 그 향유를 예수님의
발에 아낌없이 부었다. 더구나 그 당시 유대 문화에서 여자들은
일반적으로 남자들이 있는 곳에서 나서지 않고 신중하게 행동했
는데, 그녀는 다른 사람들의 웃음거리가 될지도 모르는 행동을

서슴없이 했다. 또 그 당시에는 발을 매우 불결한 부분으로 여겼는데 마리아는 값비싼 향유를 예수님의 발에 부었다. 그뿐 아니라 여성의 자랑거리였던 머리카락으로 예수님의 발을 닦기까지 했다.

마리아는 왜 그렇게 전통에서 벗어난 행동을 했을까? 그녀는 자신이 가진 최고의 것, 그리고 자신에게 있는 가장 자랑스러운 것을 예수께 드리고 싶었다. 어떤 희생이 따르더라도 온 정성을 다해 그녀는 예수님을 경배하고 싶었다.

우리는 예배를 통해 하나님께 영광을 돌린다. 그리고 마리아의 향유가 향기를 내뿜었던 것처럼 우리의 예배는 하나님께 기쁨을 드리는 향내가 된다. 마리아는 하나님께 드릴 수 있는 최고의 선물이자 가장 귀한 선물이 어떤 것인지를 보여주었다. 그것은 바로 예배다.

기쁨이 넘치는 희생적인 예배는 다양한 형태로 나타납니다. 어떤 형태의 예배든 진정으로 하나님께 드리십시오. 향기로운 예배로 하나님의 마음을 기쁘게 해드리고 당신도 새 힘을 얻으십시오.

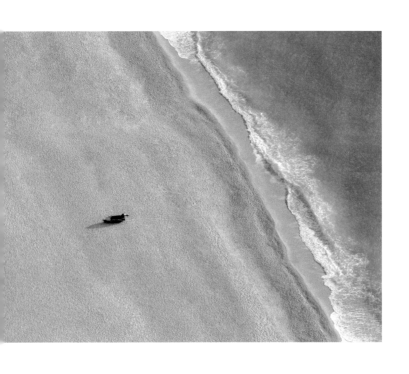

006

좋을 때나 나쁠 때나 하나님을 의지하라

우리가 알거니와 하나님을 사랑하는 자 곧 그의 뜻대로 부르심을
입은 자들에게는 모든 것이 합력하여 선을 이루느니라 _롬 8:28

켈리는 직장을 잃어버리는 것이 자신에게 일어날 수 있는 최악
의 사건이라고 늘 생각했다. 그래서 상사가 예산 절감을 이유로
그녀에게 퇴직을 권고했을 때 큰 충격을 받았다. 이제 회사에 그
녀의 자리는 없어졌다. 그녀에게 주어진 건 다른 직장을 구할 수
있는 3개월의 시간뿐이다.

그런데 지금 켈리는 이렇게 말한다. "되돌아보니 회사를 나오
게 된 것이 제게 일어난 가장 좋은 일이었어요. 그 일로 제 사업을
시작할 수 있게 됐거든요. 집에서 사업 준비를 하면서 아이들과
함께 지내는 시간도 많아졌고요."

불행한 일, 심지어는 재앙 같은 일이 벌어질 때도 이런 고백을

종종 들을 수 있다. "더 좋은 일이 있으려고 그런 일이 일어난다고 하잖아요." 그런데 그들은 자신이 로마서 8장 28절의 약속을 인용하고 있다는 사실을 알지 못한다. 하나님은 우리에게 닥치는 모든 상황을 알고 계신다. 그리고 우리를 향한 하나님의 계획에 그 모든 상황을 조율하실 수 있다.

그렇다고 해서 우리에게 늘 좋은 일만 일어날 것이라는 뜻은 아니다. 우리는 문제와 어려움이 매일 벌어지는 세상에서 살아간다. 그리고 이 세상에서는 좋지 않은 일들이 예고 없이 일어난다. 비록 재난일지라도 하나님이 우리를 구원하시려는 목적을 위해 그런 일들을 사용할 것이라고 약속하셨다.

좋을 때나 나쁠 때나 하나님은 우리의 주님이시다.

오늘 무슨 일이 일어나든, 하나님이 우리 삶 속에 아름다운 수를 놓고 계심을 신뢰하십시오. 하나님께서는 무엇이든 사용하실 수 있다는 약속을 믿고 의지하십시오.

007

충 성 은 선 택 이 다

내게 어머니를 떠나며 어머니를 따르지 말고 돌아가라 강권하지
마옵소서 어머니께서 가시는 곳에 나도 가고 어머니께서 머무시
는 곳에서 나도 머물겠나이다 어머니의 백성이 나의 백성이 되고
어머니의 하나님이 나의 하나님이 되시리니 _룻 1:16

우리 인생을 가장 활기차게 만드는 요소는 바로 관계다. 모든
사람은 관계를 맺고 친밀감을 쌓으며 살아간다. 당신도 분명히,
소중하게 여기는 많은 사람과 중요하고 긴밀한 관계를 맺고 있을
것이다. 그리고 그 관계를 좀 더 친밀하고 *끈끈한* 관계로 만들어
가고 싶을 것이다.

성경에 나오는 매우 중요한 이 구절은 룻이 그의 시어머니 나오
미와 맺고 있는 관계를 보여준다. 두 사람은 모두 과부가 되었고
죽음과 질병으로 지쳐 있었다. 나오미가 룻에게 그의 친족에게로
돌아가라고 권했을 때 룻은 그 권고를 따르지 않았다. 나오미를
향한 그녀의 충성스러운 마음은 나오미를 따라 베들레헴에 갈

만큼 강력한 것이었다. 룻은 나오미가 사는 곳에서 함께 살며 나오미의 백성을 자신의 백성으로 받아들이고 나오미가 섬기는 하나님을 섬기며 나오미를 결코 떠나지 않을 것이라고 말했다.

룻이 그런 헌신을 할 수 있었던 것은 무엇 때문인가? 학자들은 아마도 사랑, 도의, 나오미가 없는 삶에 대한 두려움 등의 이유를 들어 설명할 것이다. 그러나 무엇보다 중요한 것은 룻이 나오미에게 충성하기로 '선택'했다는 사실이다. 그녀는 자기 민족에게 돌아갈 수 있었지만 나오미를 따르고 사랑하며 함께 사는 길을 선택했다.

룻의 결정을 통해 우리는 다른 사람에 대한 헌신이 본질적으로 선택의 문제라는 것을 알 수 있다.

―――

당신이 사람들과의 관계 속에서 결정한 선택들을 살펴보십시오. 충성하고 사랑하고 아낌없이 나눠주는 사람, 정직하고 솔직하고 약점을 숨기려 하지 않는 사람이 되려고 노력하십시오. 충성된 마음은 사람들과의 관계를 보증해주고, 당신을 믿을 만하고 사랑받을 만한 사람으로 만들어줍니다.

하나님이 주시는 특별한 복

내가 그에게 복을 주어 그가 네게 아들을 낳아주게 하며 내가 그에게 복을 주어 그를 여러 민족의 어머니가 되게 하리니 민족의여러 왕이 그에게서 나리라 _창 17:16

살다보면 하나님께 특별한 복을 구하게 될 때가 있다. 그럴 때보통 우리는 자신이 원하는 것을 구한다. 하지만 내가 원하는 것을 하나님께 구하는 대신, 하나님이 원하시는 방법으로 나에게복 주실 수 있는 기회를 드려라. 우리는 결코 상상할 수 없지만우리의 삶을 과거 그 어느 때보다 아름답고 풍성하게 만들어줄복을 하나님이 가지고 계신다.

아브라함의 아내 사라는 아흔 살이 되도록 자녀가 없었다. 사라도 아마 젊었을 때는 자녀를 갖기 위해 기도했을 것이다. 그러나 나이가 점점 들면서 그런 복을 누리리라는 소망을 포기하게되었을 것이다. 아브라함이 일흔다섯 살, 사라가 예순다섯 살이었을 때 하나님께서 아들을 약속하긴 하셨지만 그후 오랫동안 아무 일도 일어나지 않았다.

결국 사라는 자신의 여종 하갈을 통해 자녀를 갖자고 아브라함에게 제안했다. 사라와 아브라함은 인간적인 방법으로 하나님의 약속을 성취하려 했다. 그리고 그 당시의 문화는 그런 방법으로 후사를 이어나가는 것을 인정해주었다.

그러나 하나님은 하갈의 아들 이스마엘을 거부하시고 아브라함이 사라를 통해 아들을 얻을 것이라고 약속하셨다. 사라는 기대하지 않았던 복을 얻었다. 하나님께서 아들을 주셨고 아브라함을 열방의 아비로 만드셨다. 하나님이 주신 복은 사라가 생각했던 것보다 훨씬 더 큰 것이었다.

―――――

간절히 바라는 것이 자녀가 아니더라도 간절히 하나님을 바란다면 하나님이 주시는 복이 임할 것입니다. 그리고 그 복은 은혜의 하나님만이 생각하실 수 있는 독특한 방법으로 당신에게 임할 것입니다.

009

너 는 나 를 따 르 라

내가 올 때까지 그를 머물게 하고자 할지라도 네게 무슨 상관이냐
너는 나를 따르라 _요 21:22

셰리는 자신이 해고되었다는 사실을 알고 "매기는요? 매기의
자리도 없어지는 거예요?"라고 불쑥 말해버렸다. 매기는 셰리와
같은 부서에서 일하는 동료였다. 그녀의 상사는 "셰리, 잠시 이야
기 좀 하죠"라고 대꾸했다.

자신이 처한 궁지를 다른 사람들이 처한 궁지와 비교하고 싶어
하는 것은 인간의 자연스러운 속성 중 하나다. 요한복음 21장 22
절도 예외는 아니다. 예수님은 베드로를 포함한 몇몇 제자들에게
나타나셨다. 아마도 예수님이 부활하신 후 베드로와 처음으로
대화하셨을 때일 것이다. 베드로는 예수님을 따르기로 다시 헌신
했다. 그러자 예수님은 베드로가 어떻게 죽을 것인지 말씀해주셨

다. 베드로는 좀 더 자세히 알고 싶었을 것이다. 그는 "그럼 요한은 어떻게 되나요? 요한도 저와 같은 일을 당하게 되나요?"라고 물었다. 그러자 예수님은 이렇게 대답하셨다. "요한이 어찌되든 상관하지 말고 너는 나를 따르렴."

우리는 다른 사람을 바라보면서 문제의 핵심을 슬쩍 회피하려는 경향이 있다. 그리고 "하나님, 저 사람이 저지른 잘못을 좀 보세요. 저런 일은 어떻게 하실 거예요?"라며 남의 일에 참견하느라 매우 분주하다. 다른 사람과 하나님의 관계를 걱정하는 사람은 정작 자신은 하나님과의 관계를 위한 시간을 충분히 내지 않는 경우가 많다. 하나님은 다른 사람에게 무슨 일이 일어나든 상관하지 말고 우리 각자를 위해 하나님이 예비하신 길을 가라고 말씀하신다. 우리가 책임져야 할 사람은 다른 사람이 아닌, 바로 우리 자신이다.

"그런데 누구누구는 어떻게 되나요?"라고 묻고 싶은 유혹을 받을 때 입을 열지 마십시오. 그 대신 하나님과 당신의 관계가 어떻게 개선될 수 있을지 하나님께 여쭤보십시오.

010

말 씀 대 로 내 게 이 루 어 지 이 다

마리아가 이르되 주의 여종이오니 말씀대로 내게 이루어지이다
하매 천사가 떠나가니라 _눅 1:38

마리아가, 자신이 처녀의 몸으로 아이(그 아이가 예수님이긴 하지
만)의 엄마가 될 것이라는 사실을 알았을 때 어땠을지 상상해보
라. 그렇게도 원하던 사람이 마침내 그녀에게 청혼했다. 근사한 결
혼식과 신혼생활을 계획하며 그 어느 때보다 행복한 시간을 보내
던 중이었다. 그런데 그때 하나님이 그녀에게 상상할 수 없을 만
큼 힘든 일을 요구하신 것이다.

마리아는 지혜로웠다. 천사 가브리엘의 말이 무슨 뜻인지 즉각
알아차렸다. 혼전 임신은 씻을 수 없는 수치를 의미했다. 돌에 맞
아 죽을 수도 있는 일이었다. 이웃뿐 아니라 가족으로부터 멸시
당하는 고통을 겪게 될지 모른다. 결혼을 약속한 요셉이 자신의

말을 믿어줄까? 요셉과 가족이 그녀의 말을 믿어주지 않는 것에 그치지 않고 그녀를 적대하고 증오할 수도 있는 일이었다. 마리아는 이 모든 일을 하나님의 손에 맡김으로, 자신이 사랑하는 사람과 이제 막 펼쳐지기 시작한 행복한 미래를 잃는 위험을 무릅써야 했다. 하나님을 따른다면 그녀가 꿈꾸던 삶은 다 무너져내릴 수도 있었다.

그러나 마리아는 믿음의 사람이었다. 타협하지 않았다. 투덜대지도 않았다. 자신의 삶이 결국에는 제대로 돌아갈 것이라는 보장을 해달라고 간청하지도 않았다. 그녀는 "그런 불가능한 일이 어떻게 일어날 수 있습니까?"라고 그저 물었을 뿐이다. 그런 다음 "주의 여종이오니 말씀대로 내게 이루어지이다"라고 대답했다.

누가복음 1장 38절에 기록된 마리아의 대답은 우리가 따라야 할 훌륭한 본보기다. 하나님은 우리가 그와 같은 믿음으로 반응하기를 바라신다.

───────

하나님이 불가능해 보이는 일을 하라고 요구하실 수도 있습니다. 그러나 하나님을 신뢰하고 "말씀대로 내게 이루어지이다"라고 한 마리아의 본을 따르십시오. 그러면 불가능한 상황 속에서 당신과 동행하시는 하나님을 발견하게 될 것입니다.

011

십 자 가 보 혈 로 인 한 자 유

그러므로 이제 그리스도 예수 안에 있는 자에게는 결코 정죄함이 없나니 _롬 8:1

요즘은 재판 과정을 지켜보기 위해 법정에 갈 필요가 없다. TV나 케이블 방송, 인터넷이나 SNS 뉴스, 영화, 대중매체 등을 통해 지켜보면 된다. 판사가 판결을 내리는 것으로 재판이 마무리되면, 깊이 반성하고 있을지도 모르는 피고인을 누군가가 법정 밖으로 데려간다.

재판 과정을 매번 흥미롭게 시청한다 해도 자신이 피고인이 되어 재판받기를 바라는 사람은 아무도 없을 것이다. 자기 잘못이 까발려지는 것을 원하는 사람은 없다. 하나님 앞에서 자기 잘못이 다 드러나는 것을 좋아할 사람 역시 아무도 없다. 그런 생각은 우리를 초라하고 비천하고 혐오스러운 존재로 느끼게 만들며 낙

담시킨다.

　로마서 8장 1절은 죄책감이나 심판에 대한 두려움으로 시달리고 있는 모든 이에게 희망을 준다. 고발을 당하여 법정에 있는 것은 아니지만, 죄책감으로 인해 당신도 몇 시간이나 며칠, 몇 달 또는 몇 년 동안 스스로 비참함을 느낄 수 있다. 죄에 대한 놀라운 사실이 하나 있다. 그것은 죄의 검은 구름이 이제 더 이상 우리 머리 위에 드리워 있지 않다는 사실이다! 예수님이 죄의 형벌을 모두 영원히 제거하셨기 때문이다. 우리는 석방되었고 자유를 얻었다. 나 자신을 책망하며 괴로워할 수 있다. 그러나 예수님은 우리를 죄와 자기혐오에서 벗어나 자유롭게 하시고 새로운 생각과 기쁨을 주신다.

죄책감에서 벗어나 정말로 자유롭고 싶은가요? 십자가에서 우리 죄를 지고 돌아가신 예수님 덕분에 당신은 자유를 얻었습니다. 하나님이 보시기에 깨끗하고 아름답고 새로운 사람이 되었습니다. 하나님은 당신을 심판하지 않으십니다. 그러므로 당신도 자신을 심판하려 하지 마십시오. 자유롭게 기쁨과 평안을 누리십시오.

012

분노 다스리기

내 사랑하는 형제들아 너희가 알지니 사람마다 듣기는 속히 하고
말하기는 더디 하며 성내기도 더디 하라 사람이 성내는 것이 하나
님의 의를 이루지 못함이라_약 1:19~20

부당한 대우를 받거나 사랑하는 이가 내게 무심할 때, 우리는
분노한다. 때로는 스스로 통제하기 힘들 만큼 격렬한 분노 아래
놓인다. 분노를 없앨 수 있는 방법은 무엇인가? 쓴 마음을 제거하
기 위해 당신이 붙들 수 있는 진리는 무엇인가?

야고보는 우리에게 분노에 대한 매우 중요한 사실을 일깨워준
다. 그는 통제할 수 없는 분노 때문에 고통받는 사람들에게 매우
적절한 세 가지 지침을 제공한다.

첫째, 귀를 기울이라. 화나게 만든 사람의 말에 먼저 귀를 기울
이라. 이는 그 사람에게 자신을 변호할 수 있는 기회를 주고, 적어
도 자신의 행동을 설명할 수 있는 기회를 준다. 상대방의 말에 귀

를 기울이기 전에 비난부터 하면 당신의 분노가 정말 정당한 것인지를 알 수 없게 된다. 그러니 먼저 들어라. 해결책이 분명하게 드러날 것이다. 어쩌면 오해가 있었음을 발견할 수도 있다. 다른 사람에게 기꺼이 귀를 기울인다면 그 사람 역시 당신의 말에 더 쉽게 귀를 기울이게 될 것이다.

둘째, 말하기는 더디 하라. 이는 깊이 생각하고 상황을 여러 각도에서 살펴보라는 뜻이다. 급히 결론을 내리고서 상대방을 호되게 꾸짖지 마라. 반응하기 전에 상황을 먼저 깊이 살피라.

셋째, 성내기도 더디 하라. 듣고 모든 것을 깊이 생각했지만 여전히 화가 난다고 하자. 그렇다면 어떻게 해야 하는가? 마음을 진정시키고 분노를 가라앉히라. 격하게 말하지 마라. 성령의 도우심으로 스스로 절제하라.

화가 날 때 야고보의 가르침을 따르십시오. 나중에 후회하게 될 말을 내뱉거나 더 큰 고통을 야기하는 일은 없을 것입니다.

013

거룩한 산 제물

그러므로 형제들아 내가 하나님의 모든 자비하심으로 너희를 권하노니 너희 몸을 하나님이 기뻐하시는 거룩한 산 제물로 드리라 이는 너희가 드릴 영적 예배니라 _롬 12:1

애니는 매일 아침 눈을 뜨고 정신을 차리자마자 제일 먼저 하는 일이 있다. 침대에서 나오기 전에 짧게 기도하는 것이다. "이 침대가 제단입니다. 저는 제물입니다. 제 삶을 하나님께 드립니다. 저를 하나님이 원하시는 대로 오늘 하루 사용해주십시오." 간단한 의식을 마치고 오늘 하루 하나님을 섬기기로, 마음속에서 들리는 하나님의 음성에 반응하기로 다짐하며 하루를 시작한다.

당신도 자신을 하나님의 종으로, 하나님께 드리는 산 제물로 여겨라. 사도 바울은 로마에 있는 신자들에게, 자기 자신을 하나님께 산 제물로 드리라고 권면했다. 그리고 그의 말은 지금도 같은 방식으로 우리를 권면하고 있다. 하나님이 우리의 희생을 요구하시는 것은 아니다. 하지만 나를 온전히 하나님께 드림으로 하나님을 기쁘시게 할 수 있다.

우리는 하나님의 목적을 위해 우리를 사용해달라고 간구할 수 있다. 그리고 그러한 선택을 통해 산 제물이 될 수 있다. 하나님이 당신의 삶 속에서 일하시고 인도해주시고 능력을 덧입혀주시도록 기도하라. 즉각적으로 일어나는 변화는 없을지 모른다. 그러나 매일 살아가는 동안 차츰차츰 변화가 일어나는 것을 볼 것이다. 새로운 힘과 열정이 마음속에서 솟구치게 될 것이다. 하나님의 일에 참여하고 싶은 커다란 열망에 사로잡히게 될 것이다.

―――――

하나님의 인도와 뜻과 목적을 따르십시오. 그렇게 하는 것이 하나님께서 이 땅에서 당신에게 주고자 계획하신 복을 향해 나아가는 가장 확실하고 올바른 길입니다.

변 화 된 삶 을 살 라

너희는 이 세대를 본받지 말고 오직 마음을 새롭게 함으로 변화를
받아 하나님의 선하시고 기뻐하시고 온전하신 뜻이 무엇인지 분
별하도록 하라 _롬 12:2

"좀 더 나은 사람이 되고 싶어."

"늘 그런 식으로 반응하고 싶지 않아."

"나도 어쩔 수가 없어. 나도 모르게 그렇게 행동한다고. 그러고
나면 내 자신이 비참하게 느껴져."

이런 생각을 한 적 있는가? 잘못된 습관과 스트레스에 대한 부
정적인 반응과 거친 대응은 죄책감을 몰고온다.

그러나 그런 성격적인 특성들은 이겨낼 수 있다. 하나님은 우리
를 새로운 사람으로 만드실 수 있다. 로마서 말씀에 주목해보라.
사도 바울은 세상을 본받거나 세상과 타협하려 하지 말라고 권면
한다. 그 대신 마음을 새롭게 함으로 변화되어야 한다고 말한다.

'새롭게 하다'는 말에 중요한 의미가 있다. 우리는 우리의 삶, 즉 사고방식과 언행과 습관을 하나님께 드림으로 새롭게 된다. 그리고 하나님께 귀를 기울이고 하나님이 원하시는 것을 추구하고자 헌신하면 점차 하나님의 영이 우리를 변화시키기 위해 우리 안에서 일하신다. 성경을 알고 하나님과 대화하고 하나님의 음성에 귀 기울이는 것에 힘쓰라. 삶이 놀랍게 바뀔 것이다.

———

매일 하나님의 말씀으로 당신의 영혼을 흠뻑 담그십시오. 밭에 씨를 뿌리고 정성껏 물을 주면 식물이 잘 자라듯, 마음밭에서도 선한 것을 사랑하고 옳은 것을 행하는 새로운 마음이 자라날 것입니다.

015

인생길을 밝혀주는 하나님의 말씀

주의 말씀은 내 발에 등이요 내 길에 빛이니이다 _ 시 119:105

여럿이 한꺼번에 당신에게 몰려와 온갖 요구를 다 해댄 적 있는가? 기억을 떠올리기만 해도 그때의 당혹스러움이 따라오는가? 집에서는 매일 맛있는 음식에, 청소와 빨래 등 모든 집안일을 완벽하게 해달라고 요구하고, 학교에서는 학부모 활동에 참여해야 한다고 하고, 직장 상사는 사무실에서 좀 더 많은 시간을 보낼 것을 요구한다. 그외에도 우리에게 요구되는 것은 너무나 많다. 다양한 종류의 지시와 요구 앞에서 우리는 어지럽다.

인도를 받는 것은 예수님을 따르는 데 있어서 매우 중요한 부분이다. 예수님은 그분이 원하시는 것이 무엇인지를 우리가 알기 원하신다. 그리고 일상에서 우리가 어떤 결정을 내릴 때마다 예수님의 뜻을 생각해주길 바라신다. 우리는 성경을 통해 예수님의 뜻을 헤아릴 수 있다. 성경은 등불과 같아서 우리가 잘 볼 수 있도록 앞길을 밝혀준다. 또한 우리를 향한 하나님의 목적도 잘 볼 수 있게 인도한다.

먼저 기도하라. 그런 다음 성경을 펼치라. 해야 할 일들에 대해 하나님과 이야기하고 하나님의 도우심을 구하라. 하나님은 우리가 어디로 가야 하는지를 알려주기 위해 성경을 사용하실 것이다. 성경을 통해 지혜를 얻으라. 예수님의 뜻에 맞는 올바른 선택을 할 수 있을 것이다.

때로는 어느 길로 가야 하는지 분별하기 어려울 때가 있습니다. 성경을 통해, 올바른 결정을 내리는 데 필요한 지혜와 통찰력을 얻으십시오. 성경의 진리가 빛을 발하며 길을 비추어줄 수 있게 하십시오.

016

참 된 예 배 를 드 리 라

하나님은 영이시니 예배하는 자가 영과 진리로 예배할지니라
_요 4:24

하나님을 예배하는 방법은 여러 가지다. 손을 들고 몸을 크게 움직이면서 찬양할 수도 있고, 무릎을 꿇고 두 손을 가지런히 모은 채 조용히 기도할 수도 있으며, 가슴을 치면서 울부짖으며 하나님을 부를 수도 있다.

하나님은 분명 그 모든 행위를 기쁘게 받으신다. 그러나 중요한 것은 외적인 자세나 표현의 문제가 아니다. 무릎을 꿇든 서 있든 춤을 추든, 마음으로 하나님과 이어진 것이 훨씬 더 중요하다.

예배는 하나님을 향한 인간의 사랑과 헌신을 보여주는 최고의 표현이다. 요한복음 4장 24절에서 예수님이 하신 말씀은 우리의 영이 하나님의 영과 연결될 때, 그리고 진정으로 하나님을 만나

하나님의 사랑과 은혜와 희생을 기릴 때, 가장 참된 예배가 이루어진다는 사실을 보여준다. 그런 예배는 언제 어디서나 가능하다. 그리고 어떤 자세나 어떤 모습으로도 가능하다.

대부분의 사람은 종종 예배를 마지못해 치러야 하는 의식 정도로 여긴다. 영과 영이 만나는 참된 예배를 위해 하나님이 당신 안에서 역사해주시기를 기도하라. 영적으로 성숙해지면, 예배가 당신의 삶에서 놓칠 수 없는 중요한 한 부분으로 자리를 잡게 될 것이다.

———

신실하고 참된 예배를 드리기 위해 노력하십시오. 참된 예배는 우리가 애쓰고 수고해야 할 가치가 충분합니다.

017

순 종 하 는 삶

너희 안에 이 마음을 품으라 곧 그리스도 예수의 마음이니 그는
근본 하나님의 본체시나 하나님과 동등됨을 취할 것으로 여기지
아니하시고 오히려 자기를 비워 종의 형체를 가지사 사람들과 같
이 되셨고 사람의 모양으로 나타나사 자기를 낮추시고 죽기까지
복종하셨으니 곧 십자가에 죽으심이라 _빌 2:5~8

대부분의 사람이 자신에게 권리가 주어져 있다고 생각한다. 살
고 싶은 곳에서 살 수 있는 권리, 자신이 좋아하는 것을 할 수 있
는 권리, 자신이 원하는 오락이 무엇이든 그것을 즐길 수 있는 권
리, 생명과 자유와 행복을 추구할 수 있는 권리 등. 그 모든 권리
를 주장하는 것은 "나는 자유롭다. 나는 내가 원하는 것을 할 수
있다. 아무도 나를 막을 수 없다"고 말하는 인간적인 방법이다.

그러나 하나님에게 권리는 그리 중요한 문제가 아니다. 하나님
은 우리가 그분의 말씀과 성령에 얼마나 순종하는지를 알고 싶
어 하신다.

순종하는 것이 너무 힘들다고 느껴진다면 예수님을 깊이 생각

해보라. 예수님은 왕이시다. 우주를 창조한 분이시다. 언젠가 모든 사람이 그분 앞에 무릎을 꿇게 될 것이다. 그런데 이 땅에 사는 동안 예수님은 종과 같이 순종하셨다. 십자가에 달려 심한 고통을 겪고 돌아가시기까지 하나님 아버지께 순종하셨다.

비록 고통이 따른다 해도, 우리에게 이익이 되지 않는다 해도 우리가 순종하기를 하나님은 원하신다. 우리가 어떤 대가를 치르더라도 순종을 배우길 간절히 바라신다. 예수님이 바로 그런 순종을 보이셨다.

라합, 룻, 드보라, 처녀 마리아, 나사로의 누이 마리아, 막달라 마리아 등 하나님께 순종했던 성경 속 수많은 여성을 헤아려보라. 하나님께 순종하고자 할 때 우리는 신앙의 선배들을 따르게 된다.

하나님은 예수님을 높여주셨던 것처럼 하나님께 순종하는 모든 사람을 새 하늘과 새 땅에서 높여주겠다 약속하실 만큼 순종을 높이 평가하십니다. 그러니 하나님께 순종하십시오.

018

믿음으로 얻는 영광의 소망

하나님이 그들로 하여금 이 비밀의 영광이 이방인 가운데 얼마나 풍성한지를 알게 하심이라 이 비밀은 너희 안에 계신 그리스도시니 곧 영광의 소망이니라 _골 1:27

구약성경에서 '영광'은 '카보드(kabod)'라는 히브리 단어에서 나온 것이다. 이 말은 '비중', '무게감', '세력', '위대함', '영광' 등으로 번역될 수 있다. 히브리인에게 하나님은 그 누구보다 중요한 분이었고, 궁극적이고 영원한 비중을 지니신 분이었다.

아마도 하나님의 주권과 같이 '무거운 주제'를 논의했다거나 '세력을 휘두르다' 등과 같은 표현을 들어보았을 것이다. 또 누군가가 '무거운 이야기를 했다'는 말도 들어보았을 것이다. 그런 용어들은 대단한 권력이나 뛰어난 성품을 지닌 중요한 사람을 묘사할 때나, 쉽게 무시해버릴 수 없는 중요한 문제를 표현할 때 사용된다. 그런 것이 바로 영광이라는 단어가 지닌 의미다. 즉 '중대하다'라는 뜻이다.

골로새서 1장 27절은 주요 성경구절 중 하나인데 그것은 이 구절이 예수님에 대한 믿음을 통해 영광의 소망을 얻게 된다고 말하기 때문이다. 어떻게 그런 일이 일어나는가? 믿음을 통해 우리는 중요한 사람, 의미 있는 사람, 비중 있는 사람이 된다.

자기 자신을 그렇게 여기지 않을 수도 있다. 또 하나님께 자신은 중요한 사람이 아니라고 느낄 수도 있다. 그런 생각이나 느낌은 밀어내 버려라. 예수님을 따르고 있다면 당신은 이미 중요한 사람이다.

그 날 하나님께서 천지 만물 앞에서 하나님의 백성으로 우리를 높여 주실 것입니다. 그것이 진정한 영광의 소망입니다.

019

선을 행함으로 악을 정복하라

악에게 지지 말고 선으로 악을 이기라 _롬 12:21

행정 보좌직이 공석이 되었을 때 에일린이 승진해서 그 자리를 맡는 것은 아주 자연스러운 일이었다. 그녀는 늘 열심히 일했을 뿐 아니라 능력과 경력을 두루 갖춘 그 자리의 적임자였다. 그러나 상대적으로 경험이 부족한 다른 동료가 발령을 받자 에일린 뿐 아니라 모두 놀라고 말았다.

에일린은 곧 내막을 알게 되었다. 새로 온 그 동료가 그 자리에 오르기 위해 음모를 꾸민 것이다. 그녀는 에일린을 잘 알지 못하는 상사들 앞에서 교묘하게 에일린을 비난했고 심지어는 말을 꾸며내기까지 했다. 그 음모는 성공적이었다. 에일린은 자격을 갖추지 못한 그녀가 행정 보좌직을 맡고 허세 부리는 모습을 바라보며 곤혹스러움을 맛보아야 했다.

그런데 어느 날 휴게실에서 그녀가 울고 있는 것을 보았다. 에일린은 그녀의 거짓과 술수, 그녀가 그 자리에 오르기 위해 행했던 갖가지 음모를 떠올리곤 휴게실을 벗어나려 했다. 그렇지만 왜 울고 있는지를 묻지 않을 수 없었다. 자리에 앉아 그녀의 고통에 귀를 기울이는 동안 에일린은 마음속에 동정심과 용서하는 마음이 생겨나는 것을 느낄 수 있었다.

악이 우리 삶 속에서 다양한 형태를 취하며 우리를 전복시키려고 위협할 수 있다. 악이 당신을 정복하고 있다는 생각이 들 때에는 그런 생각에 빠져드는 것을 거부하고 하늘에 계신 아버지의 손을 잡아라. 하나님의 도우심으로 우리 삶 속에 찾아오는 악을 정복하고, 선을 행함으로 악을 이길 수 있다. 악이 어떤 형태로 나타나든 그 힘이 우리를 압도하도록 내버려둘 필요가 없다고 하나님은 지금 이 순간 말씀하신다.

선을 행함으로 장애물과 어려운 상황과 힘든 환경을 정복하십시오. 우리가 친절하고 현명하게 행동해 나가는 동안 하나님이 이 세상에서 벌어지는 어려움을 줄여 나가는 데 우리를 사용하실 것입니다.

020
우 리 를 지 켜 보 시 는 하 나 님

여호와의 눈은 온 땅을 두루 감찰하사 전심으로 자기에게 향하는
자들을 위하여 능력을 베푸시나니 … _대하 16:9

도로에서 신호등을 무시하고 달리면 교차로에 있는 감시 카메라가 자동차 번호판을 찍는다. 그러면 차 주인은 우편으로 교통 위반 고지서를 받게 된다. 경찰 당국이 보내는 메시지는 분명하다. "우리가 지켜보고 있다"는 것이다. 백화점이나 대형 마트에서도 마찬가지다. 감시 카메라가 전자 눈으로 고객들을 지켜보고 있다.

전자 눈이 강력하긴 하지만 하나님의 눈에 비할 수는 없다. 신앙생활을 오래 했다면 우리를 지켜보시는 하나님에 대한 노래를 몇 곡 정도는 알고 있을 것이다. 그래서 하나님을 마치 잘못을 범하면 잡기 위해 기다리고 있는 교통경찰이나 감시 카메라와 같다

고 생각하기 쉽다. 연예인 마크 로리(Mark Lowry)는 그런 사고방식에 역습을 가한다. 그는 청취자들에게, 하나님은 사람들이 잘못을 범할 때 잡기 위해서가 아니라, 하나님의 사람들을 사랑하기 때문에 지켜보신다고 말한다. 로리는 "하나님의 눈은 변함없이 당신을 향하고 있습니다. 하나님의 눈은 당신을 놓치지 않습니다. 하나님은 사랑하시기 때문에 당신에게서 눈을 떼실 수가 없는 것입니다"라고 외친다.

하나님은 우리를 지켜보고 계신다. 그러나 그것은 트집이나 꼬투리잡기 위함이 아니다. 하나님은 온 땅을 두루 감찰하며 신실한 사람들을 찾으신다. 하나님은, 우리의 신실한 마음과 하나님을 향한 헌신된 사고방식을 사용하기 위한 적절한 방법을 찾으시려고 우리를 지켜보신다. 하나님 홀로 충분히 일하실 수도 있다. 그러나 우리가 하나님의 일을 함께하는 동역자로 우리를 부르신다. 하나님은 우리와 함께하고 싶어 하시는 것이다.

———

오늘도 하나님은 우리를 지켜보고 계십니다. 우리가 하나님께 순종하는 것을 보면서 하나님은 능력과 권세와 사랑으로 우리 삶을 계속해서 채워주실 것입니다.

021

신 뢰 를 얻 는 사 람 이 되 어

누가 현숙한 여인을 찾아 얻겠느냐 그의 값은 진주보다 더 하니라
그런 자의 남편의 마음은 그를 믿나니 산업이 핍절하지 아니하겠
으며 _잠 31:10~11

신뢰는 쉽게 얻을 수 있는 것이 아니다. 한번 신뢰를 잃으면 회
복하기가 여간 어려운 게 아니다. 신뢰는 살아가는 데 있어서 그
무엇보다 중요한 것이다. 부모를 신뢰하지 못하는 아이는 자기 마
음대로 하려 할 것이며 결국은 큰 곤경에 처할 수 있다. 믿음에 대
한 신뢰가 없으면 의심하는 위험에 빠지게 된다. 친구들을 신뢰
하지 못하면 외로움에 빠지게 된다. 배우자를 신뢰하지 못하면
결혼생활이 깨지게 될 것을 염려하고 두려워하게 된다. 신뢰는 지
극히 중요한 것이다.

모든 부부는 배우자의 신뢰를 받고 싶어 한다. 남편이(또는 아
내가) 자신을 신실하고 참된 사람으로 믿어주길 바란다. 그러나

그런 신뢰는 쉽게 얻을 수 있는 것이 아니다. 가장 가깝고 가장 소중한 사람으로부터 신뢰를 얻으려면 어떻게 해야 하는가? 몇 가지 방법을 생각해볼 수 있다.

첫째, 약속을 지키는 것이다. 약속을 하면 그 약속대로 행한다. 그러면 남편은 아내의 말이(또는 아내는 남편의 말이) 믿을 만하다고 여길 것이다. 둘째, 배우자가 필요로 할 때 함께 있어주는 것이다. 남편이(또는 아내가) 고통스러워할 때 아무리 오래 걸리더라도 남편에게(또는 아내에게) 귀 기울일 태도를 갖추고 위로할 준비가 되어 있어야 한다. 배우자가 곤경에 처하면 그를 지켜주는 사람이 되어야 한다. 배우자는 협력자다. 셋째, 의지할 수 있는 사람이 되는 것이다. "위급할 때 함께한다"는 말처럼 결코 배우자를 (태도나 말, 행동 어느 것에서라도) 무시하거나 배우자에게 강짜를 놓지 않아야 한다.

———

부부간의 신뢰를 돈독히 하기 위해서 최선을 다하십시오. 그러면 하나님이 이 땅에서 주시는 가장 좋은 복인 훌륭한 결혼생활을 누리게 될 것입니다.

022

언 쟁 을 막 는 방 법

유순한 대답은 분노를 쉬게 하여도 과격한 말은 노를 격동하느니
라_잠 15:1

불화는 종종 이렇게 번진다.

"쓰레긴 왜 안 버리는 거예요?" "아, 잊어버렸어."

"당신은 뭐든 잊어버리죠." "내가 언제?"

"아마 당신은 이 세상에서 건망증이 제일 심한 사람일 거예요."

"왜 그렇게 심술을 부리는 거야?"

"심술부리는 게 어떤 건지 진짜 보고 싶어요?"

보통은 작은 문제로 인해 다툼이 생긴다. 약속한 일을 잊어버
리거나, 늦고도 사과하지 않거나, 상대방이 유난히 싫어하는 어
떤 일을 했기 때문에 다툼이 시작된다. 그러나 그런 사소한 문제
가 비난과 혹평, 그리고 오랫동안 후회하게 될 아픈 말들로 크게

번진다. 그런 일을 방지하고 논쟁이 격렬해지는 것을 막을 수 있는 방법이 있다.

잠언 15장 1절이 그 해결책을 잘 보여준다. 그것은, 비록 자기도 모르게 방어적인 자세로 말하기 쉬운 때에도 의식적으로 유순하게 대답하는 것이다. 유순한 대답은 언쟁을 끊어놓는다. 내게 날아온 화살 같은 말을 그대로 받지 말고 대신 온화하게 말하라. 때로는 상대방의 불만에 동의할 수도 있을 것이다. "미안해요." "좀 더 노력할게요." "용서해요." 이런 부드러운 대답들은 논쟁이 커지는 것을 막는다. 상대방이 혹여 "말은 언제나 쉽게 하지"라는 식으로 반응할지라도 계속해서 유순하게 대답하라. 심술 맞게 대꾸하지 마라. 결국 그 방법이 승리를 거둘 것이다.

———

유순한 대답은 뜨겁게 달아오른 분위기를 식혀줍니다. 그리고 당신은 그런 분위기를 통해 좀 더 성숙해지며 다른 사람을 더 잘 이해하게 될 것입니다. 자신이 속한 곳을 화평하게 만드는 사람은 언제나 하나님의 복을 받습니다.

023

모든 일에 하나님의 지혜를 구하라

너희 중에 누구든지 지혜가 부족하거든 모든 사람에게 후히 주
시고 꾸짖지 아니하시는 하나님께 구하라 그리하면 주시리라
_약 1:5

친구란 인생의 다양한 국면에 적절히 대처할 수 있게끔 도와
준다. 론다는 수전의 가장 친한 친구다. 오랫동안 직장생활을 하
던 수전이 결혼하고 자녀를 낳았다. 수전이 직장생활을 하는 동
안 론다는 네 자녀를 키웠다. 그래서 자녀양육에 관한 조언이 필
요할 때마다 수전은 론다에게 전화를 걸었다. 론다는 부부생활과
자녀양육을 비롯한 여러 가정문제에 대해 지혜롭고 훌륭한 상담
원이 되어주었다.

몇 년이 지난 후 론다는 20년 동안 손 놓았던 직장생활을 다
시 시작하게 되었다. 이번에는 수전이 론다의 상담원이 되어주었
다. 론다가 회사 내부 일뿐 아니라 사회생활 전반에 대해 어떻게

대처해야 하는지 수전의 도움을 구했기 때문이다.

인생의 다양한 영역에서 지혜를 나눌 수 있는 친구가 있다는 것은 정말 좋은 일이다. 친구는 우리에게 닥치는 어려움을 헤쳐 나갈 수 있도록 확신과 위로를 주는 존재다. 그러나 가장 지혜로운 친구라 할지라도 한계는 있기 마련이다.

하나님의 지혜는 그렇지 않다. 하나님은 인생의 모든 영역에서 우리가 알아야 할 모든 것을 이미 알고 계신다. 그리고 그 지혜를 우리에게 전해주고 싶어 하신다. 그분의 지적·영적 재산을 우리와 기꺼이 나누고자 하신다. 하나님은 완전히 지혜로운 분이시며, 도움을 구하는 우리를 꾸짖거나 보잘것없는 존재로 여기지 않겠다고 약속하셨다.

우리는 <u>스스로</u> 해결할 수 없는 문제들에 대해 하나님께 지혜를 구할 수 있습니다. 전능하신 하나님께서는 놀라운 지혜로 우리의 모든 문제를 해결하십니다.

024
두려움에 대한 대책

사랑 안에 두려움이 없고 온전한 사랑이 두려움을 내쫓나니 두려움에는 형벌이 있음이라 두려워하는 자는 사랑 안에서 온전히 이루지 못하였느니라 _요일 4:18

두려움은 언제 어디서든 우리를 덮칠 수 있다. 커다란 트럭이 갑자기 차선을 바꾸면서 우리를 향해 돌진해올 수도 있고 만원 전철에서 소매치기를 당할 수도 있다. 하지만 그보다 더 크고 위협적으로 보이는 두려움이 있다. 그리고 그런 두려움은 끝나지 않을 것처럼 보인다.

사랑하는 사람이 영원히 떠날지도 모른다는 두려움, 자녀들이 잘못되면 어쩌나 하는 두려움, 직장을 잃게 될 것에 대한 두려움, 건강에 이상이 있는 것은 아닐까 하는 두려움, 투자 손실이 크게 날 것에 대한 두려움 등… 수많은 두려움을 우리는 늘 안고 산다.

그러나 하나님의 자녀인 우리는 두려워하지 않아도 된다. 이 세상에는 좋지 않은 일들이 늘 일어나며 그런 일들을 통제할 수 있는 사람은 아무도 없다. 또 우리에게 생긴 문제가 곧바로 해결되지 않을 수도 있다. 그렇지만 우리는 하나님 안에서 그 모든 두려움을 이길 수 있다.

요한일서 4장 18절을 통해 우리는 힘을 얻는다. 사랑이 두려움을 몰아낸다. 온전한 사랑을 받고 있음을 안다는 것은 그 누구도, 그리고 그 무엇도 두려워할 필요가 없음을 안다는 뜻이다. 우리를 사랑하시는 하나님이 전 우주를 다스리고 계신다. 하나님은 우리에게 두려움을 일으키는 것이 어떤 것이든 그것을 다룰 힘을 지니신 분이다. 우리는 하나님을 신뢰하기만 하면 된다.

사랑받고 있다는 사실을 알 때, 그리고 그 사랑으로 다른 사람들을 대할 때 두려움이 사라집니다. 또한 그때, 하나님의 은혜와 능력과 임재가 우리를 감싸줍니다. 나를 사랑하시는 하나님의 손길 안에 있다는 것을 기억하면 두려움을 이길 수 있습니다.

025

누가 하나님을 헤아릴 수 있겠는가

이는 내 생각이 너희의 생각과 다르며 내 길은 너희의 길과 다름
이니라 여호와의 말씀이니라 이는 하늘이 땅보다 높음같이 내 길
은 너희의 길보다 높으며 내 생각은 너희의 생각보다 높음이니라
_사 55:8~9

경험은 상당히 중요하다. 갓 성년이 된 10대에게 운전을 가르
쳐보거나 경험이 없는 신참을 교육시켜 보면 이 사실을 다시 상
기하게 될 것이다.

경험은 인생에서 아주 좋은 도구가 된다. 그러나 살면서 아무
리 많이 경험하고 인생에 대해 아무리 많이 알고 이해한다 해도,
우리 인간이 하나님에게 미칠 수는 없다. 하나님은 인간이 헤아
릴 수 있는 것보다 훨씬 더 높은 차원에 계신다. 때때로 사람들은
어리석게도 하나님이 자신들과 비슷하거나 그저 조금 더 지혜로
울 거라 여긴다.

그러나 이사야서에 나오는 몇 구절은 최고의 두뇌를 가진 인

간이라도 하나님께는 견줄 수 없다고 말한다. 하나님의 생각은 인간이 생각할 수 있는 것 그 이상이다. 시쳇말로 여성은 금성에서 남성은 화성에서 왔다고 하는데, 하나님은 금성과 화성이 떠 있는 우주 위에 계신 분이다. 이는 우리 앞길이 다 막힌 것처럼 보일 때도 하나님은 훤히 보고 계신다는 뜻이 된다. 우리가 우리 주변에 있는 세상과 그 세상이 몰고 오는 어려움을 바라볼 때, 하나님은 그 세상 너머를 바라보신다는 뜻이다.

하나님은 인간보다 전적으로 우월하시다. 그래서 우리는 하나님을 신뢰할 수 있다. 또한 우리보다 크고 모든 것을 알고 있는 누군가가 필요할 때 하나님을 향해 달려갈 수 있다. 하나님께서는 우리를 위한 길, 우리에게 만족을 줄 수 있는 길로 우리를 데려가겠다고 약속하신다.

어떤 결정을 내려야 할지 알 수 없을 때, 난감하거나 여러 고민 사이에서 짓눌린다고 느낄 때, 하나님을 기억하십시오. 하나님이 그 문제를 통해 우리의 길을 닦고 계십니다.

매일 하나님의 말씀으로 당신의 영혼을 흠뻑 담그라.
밭에 씨를 뿌리고 정성껏 물을 주면 식물이 잘 자라듯,
마음밭에서도 새로운 마음이 자라날 것이다.

제2부

내 삶에
위로가 되는
묵상

026

삶의 우선순위

그런즉 너희는 먼저 그의 나라와 그의 의를 구하라 그리하면 이
모든 것을 너희에게 더하시리라 _마 6:33

꿈은 다양한 형태로 나타난다. 자신이 직접 설계한 집에서 사
는 꿈을 지닌 사람도 있고, 최소 평점 3.75 이상의 학점으로 대학
을 졸업하려는 꿈을 지닌 사람도 있고, 높은 연봉에 많은 보너스
그리고 자동차까지 제공해주는 직장에서 일하는 꿈을 지닌 사람
도 있다.

꿈을 갖는 것은 잘못된 일이 아니다. 하나님께서는 우리가 큰
꿈을 갖기 원하신다. 그리고 우리에게 주고 싶어 하시는 복으로
이 세상과 다음 세상에서 우리를 깜짝 놀라게 할 계획을 갖고 계
신다.

그러나 꿈도 꿈 나름이다. 마태복음 6장 33절은 우리가 가져

야 할 꿈에 대해 하나님이 바라시는 우선순위를 보여준다. 산상수훈에서 예수님은 우리의 우선순위가 어떠해야 함을 분명히 밝히셨다. 예수님은 말씀을 듣기 위해 귀 기울인 사람들에게 그들 모두에게는 먹고 마시고 입을 것이 필요하며, 그들이 그런 것들 때문에 끊임없이 염려하고 있다고 말씀하셨다. 그다음 그런 것들을 확실하게 얻을 수 있는 방법을 알려주셨다. 그것은 이 땅에서 하나님의 나라와 하나님의 의를, 먼저 구하는 것이다.

하나님의 나라를 구하는 것은 사람마다 각기 다른 방법으로 행할 수 있다. 지역 교회에 소속되어 복음을 듣고 이웃을 찾아가는 일부터 시작할 수 있다. 동시에 자신의 꿈과 소망과 필요와 관심을 하나님께 알릴 수 있다. 하나님께서는 당신과 하나님의 나라를 위해 그 모든 것을 공급해주실 것이다.

———

하나님께서 중요하게 여기시는 일을 중요하게 여기고 그 일에 전념하면, 우리가 가장 바라고 우리에게 가장 필요한 것들을 하나님께서 공급하심을 알게 됩니다. 모든 것을 주시는 하나님을 신뢰하고 중요한 일에 먼저 마음을 쓰십시오.

027

범 사 에 감 사 하 라

범사에 감사하라 이것이 그리스도 예수 안에서 너희를 향하신 하
나님의 뜻이니라 _살전 5:18

어린 소년인 해리는 취학 전이지만 주사를 맞으면 아프다는 것
정도의 보편적인 진실은 알고 있다. 해리의 엄마는 해리를 병원에
데려가기 전에 예방주사에 대해 말해주었다. 약간 따끔하지만 그
순간만 잠시 참으면 오랫동안 병에 걸리지 않게 된다고 이야기해
주었다. 주사는 해리를 해치는 것이 아니라 도움이 되는 것이라
고 설명했다.

어린 해리는 탁자 앞에 앉아 엄마의 말을 기억하며 주사맞을
준비를 했다. 의사가 가까이 오자 두 눈을 꽉 감았다. 따끔한 주
사 바늘에 찔리는 순간 볼에 눈물이 흘렀다. 해리는 아파서 울고
말았지만 이 주사가 자기 자신을 튼튼하게 해주리라고 믿었다.

산다는 것이 근사할 때도 있다. 그럴 때는 잔잔하게 불어오는 바람을 타고 삶이라는 바다에서 유유히 항해할 수 있다. 그럴 때는 "주님, 감사합니다. 이렇게 멋진 삶을 살게 하신 것, 하나님이 저를 위해 행하신 모든 일에 감사를 드립니다"라고 말하기가 그리 어렵지 않다. 삶이 순탄할 때 멋진 삶과 모든 복을 주시는 분이 누구인지를 인식하는 것은 매우 중요하다.

하지만 산다는 것이 언제나 멋진 것만은 아니다. 질병과 시련과 낙심이 우리를 괴롭힐 때가 많다. 좋을 때나 좋지 않을 때나 늘 하나님께 감사하라. 어린 해리처럼 눈물이 뺨을 타고 흐를 때에도 하나님을 의뢰하고 있음을 고백해보라. 하나님께 믿음과 감사를 고백해보라.

고통 속에서도 하나님께 감사할 때 마음속에 놀라운 일이 일어납니다. 좋은 때나 그렇지 않을 때나 하나님이 주 되심을 기뻐할 수 있는 은혜와 담대함을 얻게 될 것입니다.

028

항상 하나님의 뜻을 구하라

너는 마음을 다하여 여호와를 신뢰하고 네 명철을 의지하지 말
라 너는 범사에 그를 인정하라 그리하면 네 길을 지도하시리라
_잠 3:5~6

이미 잘 알려진 이 말씀은 우리에게 닥칠 수 있는 거의 모든 상
황에 적용할 수 있다. 새로 맡기로 한 일이나 하지 않겠다고 거절
한 일 때문에 염려할 때가 있다. 그럴 때, 하나님을 신뢰하라.

수술을 앞둔 부모님이 걱정스러울 수도 있다. 그럴 때도 하나
님을 신뢰하라. 그리고 그 일에 대한 나의 견해를 의지하려 하지
마라.

잠언 3장 5~6절은 항상 하나님의 뜻을 구하고 하나님을 신뢰
하면 그분께서 인도하실 것이라고 말한다. 그리고 영적인 삶의 모
든 부분을 고치고 이끄는 역할을 한다. 수많은 상황에서 적용할
수 있는 이 구절은 세상의 그 어떤 지혜와도 비길 수 없는 지혜를

제공해준다. 잠시 "네 명철을 의지하지 말라"고 한 부분을 잘 생각해보라.

해결하기 어려울 것처럼 보이는 상황에 처하면 우리는 자연스럽게 그 상황에 대한 우리의 견해를 의지하게 된다. 상사의 의도를 나름대로 짐작하려 할 수도 있고 잘못된 길로 가려는 생각을 따를 수도 있다. 이 구절은 우리에게 그렇게 하는 대신 하나님의 인도하심에 귀를 기울이라고 말한다.

하나님을 신뢰하라. 마음이 말하는 것을 듣고 이제 끝났다고 생각하지 마라. 하나님을 의지하라. 그러면 하나님이 이끌어 가실 것이다. 잠언 3장 5~6절을 암송하라. 이 구절은 평안을 위한 최고의 처방전이다.

하나님을 신뢰하고 내 생각에 몰두하지 마십시오. 항상 하나님을 구하십시오. 그러면 하나님이 나아갈 길을 열어주실 것입니다.

029

영원한 삶으로 이어지는 죽음

이는 내게 사는 것이 그리스도니 죽는 것도 유익함이라 _ 빌 1:21

　많은 사람이 죽음을 두려워한다. 당신도 고통스러운 경험을 할까 봐 염려할 것이다. 사람에게 죽음은 이 땅에서 그 누구도 이길 수 없는 마지막 적이다. 모든 종교는 사후세계나 윤회 등 내세를 이야기하면서 '죽음'이라는 문제를 다룬다. 기독교만이 죽음을 물리친 유일한 한 분, 예수 그리스도를 이야기한다. 예수님은 십자가에 달려 돌아가신 후 죽음에서 부활하시면서, 인류를 지배하던 세력의 마지막 요새를 무너뜨리셨다. 예수님은 그를 믿는 사람은 누구나 사망 권세를 이길 수 있다고 선포하셨다.

　사도 바울은 여러 차례 죽음의 고비를 맞았다. 로마인과 바리새인과 통치자들이 바울을 위협했다. 그러나 그는 결코 포기하지 않았고 두려워하지도 않았다. 사도 바울은 이 땅에서 살아가면서 예수님을 더 많이 알고 더 많이 경험할 수 있다고 생각했다. 그리고 당장 죽는다 해도 예수님과 함께 영원히 살 것이라고 확신했다. 사도 바울에게 죽음은 이 땅에서 이미 얻은 것 그 이상을 얻을 수 있는 기회였다. 다만 차이가 있다면 또 다시 죽는 일이 결코 없으리라는 것이었다.

죽음이 몹시 두려울 수 있다. 두려움을 가져오는 생각들을 물리치라. 예수님은 죽음을 영원한 나라로 나아가는 관문이라고 말씀하셨다. 죽음은 소름 끼치는 괴물이나 마귀 같은 것이 아니다. 죽음은 결국 즐거운 여행이 될 것이다.

———

사도 바울은 모든 세대의 모든 사람에게 예수님을 위해 살라고 권고했습니다. 예수님을 기쁘시게 할 수 있는 것을 행하십시오. 그렇게 함으로 마지막 순간이 다가올 때 이 세상의 고통에서 다음 세상의 영광으로 나아가며 환영받게 될 것입니다.

030
용서가 사랑을 키운다

이러므로 내가 네게 말하노니 그의 많은 죄가 사하여졌도다 이는
그의 사랑함이 많음이라 사함을 받은 일이 적은 자는 적게 사랑하
느니라 _눅 7:47

누가복음 7장을 보면 예수님이 한 바리새인의 집에서 식사하
신 이야기가 나온다. 그 당시에는 손님의 발을 씻겨주는 것이 하
나의 관례였는데, 예수님이 그 집에 들어가셨을 때 발을 씻겨주
는 사람이 아무도 없었다. 그때 창기였던 한 여성이 예수님이 오
신 것을 알고는 값비싼 향유를 가지고 그 집으로 갔다.

바리새인인 시몬은 예수님이 창기인 그 여성을 어떻게 용납해
주실 수 있는지 의아해했다. 그러자 예수님은 용서에 대한 비유
를 언급하시며, 자신이 얼마나 많이 용서받았는지를 알게 된 사
람은 하나님을 더 많이 사랑하게 될 것이라고 말씀하셨다. 그리
고 적게 용서받은 사람은 적게 사랑할 것이라고도 말씀하셨다.

그러나 예수께서 창기들만이 진정한 용서에 감사드릴 수 있다고 말씀하신 것은 결코 아니다. 그들의 잘못이 다른 사람들의 잘못보다 더 큰 것도 아니었다. 그보다 더한 죄들이 많다. 속임수, 도둑질, 미움, 인종 차별, 헛소문을 퍼뜨리는 일 등은 모두 성경이 책망하고 있는 끔찍한 행동들이다.

말이나 행동으로 다른 사람에게 깊은 상처를 주었다면 찾아가서 용서를 구하라. 그 사람의 용서가 당신에게 큰 의미를 줄 것이다. 그 결과, 그 사람과 당신은 서로 아주 좋은 친구가 될 수도 있다. 상처가 큰 사랑을 만들어낼 수 있기 때문이다.

———

실수와 잘못들을 헤아려보십시오. 대부분 자기 자신이 만든 고통과 상처를 다 헤아릴 수 없을 것입니다. 그러나 하나님은 그 모든 것을 용서하십니다. 하나님이 얼마나 많이 용서해주셨는지를 깨달으면 하나님을 향한 사랑이 커질 것입니다.

031

영혼을 위한 음식, 성경

무엇이든지 전에 기록된 바는 우리의 교훈을 위하여 기록된 것이
니 우리로 하여금 인내로 또는 성경의 위로로 소망을 가지게 함이
니라 _롬 15:4

"리디아스(Lidia's)에서는 위로가 되는 음식들이 뜨겁게 데워진
철판에 나온다"라는 광고문이 있었다. 리디아스는 미국 여러 도
시에 체인점을 둔 레스토랑으로, 이탈리아풍의 음식을 제공한다.
초콜릿, 감자튀김, 치킨, 스파게티 그리고 라자냐, 라비올리는 많
은 사람의 사랑을 받고 있다. 어머니가 사용하던(어린 시절 집에서
맛보았던) 조리법을 그대로 사용해 만든 음식들은 많은 사람이
상당히 좋아하는 것이다. 위로가 되는 음식들은 칼로리나 지방
은 많이 들지 않지만 기분을 좋게 해주는 그런 음식들이다.

　물론 모든 사람이 먹는 것을 통해 우울감을 해소하는 것은 아
니다. 좋아하는 가게나 도서관, 카페, 공원처럼 '위로가 되는 공간'

을 찾아가는 사람도 있고, 좋아하는 책을 읽거나 영화를 보는 사람도 있다. 또 친한 친구들을 만나 (희망과 바람 등에 대해) 대화하며 우울감을 떨치는 사람도 있다. 그리고 많은 그리스도인은 위로를 얻기 위해 성경을 찾는다. 성경은 말씀을 읽는 사람들의 영혼을 위한 '음식'이다. 그리고 그 음식은 정말 위로가 된다.

로마서 15장 4절은 읽는 이들에게 성경이 우리의 유익을 위해 주어진 것임을 상기시켜준다. 성경은 하나님이 우리에게 보내신 편지다. 하나님이 보내신 러브레터다. 우리는 우울할 때조차 위로와 권고의 말씀이 되는 성경을 읽으며 소망을 얻을 수 있다.

성경을 드십시오. 읽고 음미하고 외우고 공부하십시오. 큰 위로를 얻게 될 것입니다. 그러면 리디아스 같은 곳을 찾아가거나 먹을 것을 찾기 위해 냉장고 문을 열 필요가 없을 것입니다.

032

하나님 앞에 솔직한 마음을 보이라

한나가 마음이 괴로워서 여호와께 기도하고 통곡하며 _삼상1:10

모든 사람은 꿈과 기대를 가지고 성장한다. 한나도 마찬가지였다. 그 당시 사회에서 여성은 출산 능력에 따라 그 진가를 인정받았다. 한나도 아마 사랑하는 사람의 아이를 갖게 될 꿈을 안고 자랐을 것이다.

그런데 (그녀를 사랑하는 남편은 있었지만) 자녀를 갖고자 하는 그녀의 꿈은 이루어지지 않았다. 오랫동안 그녀에게는 자녀가 없었다. 세월이 흐르면서 가늠하지 못했던 삶의 고통이 그녀의 마음을 아리게 했다. 한나는 여호와의 집을 찾아 조용히 하나님과 이야기하는 동안 자신이 느끼는 감정들을 숨기지 않았다. 눈물을 흘리며 하나님께 자신의 마음을 쏟아놓았다.

한나처럼 꿈을 이루지 못해 절망하는 이들이 많다. 어떤 이유에서든 삶은 기대했던 대로 흘러가지 않는다. 삶은 녹록하지 않다. 그리고 그로 인한 실망이 마음을 갉아먹는다. 마음의 상처가 크면 하나님을 피해 숨고 싶어질지 모른다. 마치 아무 일도 없다는 듯이 행동하고픈 유혹을 받을지 모른다.

그것이 오랜 번민이든 잠깐의 고통이든 실망을 경험할 때, 하나님이 돌보신다는 사실을 떠올리라. 하나님은 그런 마음을 이해하신다. 한나가 그랬던 것처럼 하나님을 찾아가 하나님 앞에 마음을 쏟아놓으라. 어떤 기분이든 하나님께 지금 마음을 솔직하게 털어놓으라.

하나님과 이야기할 때 아무것도 숨기려 하지 마십시오. 한나처럼 무엇이든 하나님과 대화하며 자유로운 교제를 누리십시오.

033

가 장 좋 은 아 버 지

너희가 악한 자라도 좋은 것으로 자식에게 줄 줄 알거든 하물며
하늘에 계신 너희 아버지께서 구하는 자에게 좋은 것으로 주시지
않겠느냐 _마 7:11

아무 미술관에나 들어가 보라. 어머니와 아이를 그린 그림이
나 아버지와 아들이 함께 있는 모습을 그린 그림을 쉽게 찾을 것
이다. 부모와 자식의 관계는 이 땅에서 볼 수 있는 모든 관계의 기
초가 된다.

불완전한 가족관계가 많은 것은 사실이지만 자식을 향한 부모
의 사랑은 이 세상에 존재하는 가장 희생적인 사랑이다. 부모와
자식이 맺을 수 있는 이상적인 관계를 생각해보라. 부모는 자녀
를 돌보기 위해 시간과 에너지와 돈을 쏟아붓는다. 자녀를 보호
하기 위해서라면 목숨이라도 기꺼이 바치려고 한다. 이상적인 부
모는 자녀를 인격적으로 대하는 동시에, 자녀마다 가장 적절하고

효과적인 도움을 주는 방식으로 자녀를 양육한다. 또한 부모는 자녀의 행복을 간절히 바란다. 자녀를 사랑하고 위로하고 격려하며 즐거운 시간을 함께 보내기 위해 늘 자녀 곁에 있고자 한다. 많은 예술가가 부모들에게 경의를 표하는 것은 이상한 일이 아니다.

그런데 이 세상에서 가장 완벽한 부모가 자기 자녀를 사랑하는 것 이상으로, 하나님께서 그분의 자녀인 우리를 사랑하신다는 사실을 당신은 알고 있는가?

하나님은 우리를 사랑하고 위로하고 격려하기 위해 늘 우리 곁에 계십니다. 하나님은 기꺼이 우리의 하나님 아버지가 되고자 하십니다. 아빠 아버지와 함께 친밀함을 누리십시오.

034

여전히 우리 안에서 일하시는 하나님

너희 안에서 착한 일을 시작하신 이가 그리스도 예수의 날까지 이루실 줄을 우리는 확신하노라 _ 빌 1:6

한때 유행했던 퍼즐 맞추기(직소 퍼즐)는 시간을 보내기에 아주 좋은 놀이다. 작은 조각의 짝을 맞추다 보면 긴장이 풀리고, 어떤 그림이 완성될지 호기심이 생긴다. 퍼즐 맞추기는 도전적이면서 중독성 있는 놀이이기도 하다. 그래서 그림의 윤곽이 드러날수록 그 재미와 매력에 빠져, 다른 일을 해야 할 때에도 그만두기가 쉽지 않다. 때때로 특정한 퍼즐 조각이 전혀 예상치 못했던 방식으로 서로 맞아들어가는 것을 보면 아주 놀랍다.

이 땅에서의 우리의 삶은 하나님이 맞추어가시는 직소 퍼즐과도 같다. 하나님은 우리의 삶 속에서, 우리가 예상치 못했거나 어떻게 들어맞을지 알 수 없었던 흥미로운 조각들을 모아 맞추신다. 그리고 모든 조각이 함께 어우러져 조화를 이루게 하신다.

빌립보서 1장 6절이 보여주는 놀라운 사실은 혼자 애쓰지 않아도 된다는 것이다. 하나님이 우리를 완전하고 온전하게 만드시기 때문이다. 예를 들면 어떤 유혹을 받을 때 당신은 혼자가 아니다. 하나님이 그 유혹을 거부할 수 있도록 당신을 도우신다. 어느 정도 영적으로 성숙한 수준에 이를 수 있을지 의심스러울 때, 이 구절은 하나님이 우리 안에서 일하시기 때문에 가능할 것이라는 확신을 갖게 해준다.

한 여성은 자신이 삶을 망쳐버려서 천국에 가지 못할 것이라는 두려움을 안고 살았다. 그런데 이 구절을 통해, 하나님이 무사히 영원한 목적지까지 그녀를 데려가기로 작정하셨다는 확신을 얻었다.

───────

우리의 삶이 어떤 모습으로 어떻게 드러나게 될지 우리는 알지 못합니다. 그러나 하나님은 알고 계십니다. 하나님은 아름다운 작품이 완성될 때까지 모든 조각을 맞추어 나가십니다. 당신 혼자 애를 쓰고 있는 것이 아니라는 사실을 기억하십시오.

035

온 세상을 다스리시는 하나님

왕의 마음이 여호와의 손에 있음이 마치 봇물과 같아서 그가 임의
로 인도하시느니라 _ 잠 21:1

직장에서 일을 하는 중인데 먼 곳에서 온 친구들이 당신의 집
을 방문했다고 하자. 집에 '원격 조종 장치'가 설치되어 있다면 감
시 카메라가 현관 앞에 있는 친구들의 사진을 찍어 사무실 컴퓨
터 모니터로 전송해줄 것이다. 일터에서 친구들에게 반갑게 인사
한 다음, 원격으로 현관문을 열고 전등을 켜고 커피를 끓이고 친
구들이 편히 쉴 수 있도록 음악까지 틀어줄 수 있다. 예전에는 이
렇게 쉽게 모든 것을 통제할 수 없었다.

첨단 과학 장치처럼 보이는 원격 조종 장치는 하나님이 이미
오랫동안 사용해오신 것이다. 잠언 21장 1절은 하나님이 세상에
있는 통치자들을 다스리신다는 사실을 보여준다. 그들은 그 사

실을 인지하지 못할 수도 있다. 심지어 하나님을 믿지 않을 수도 있다. 그러나 하나님은 여전히 하나님 백성의 필요를 채우시기 위하여 통치자들을 통해서 일하신다. 그렇다고 해서 모든 지도자가 하는 모든 일이 선하다는 뜻은 아니다. 그러나 여전히 하나님이 다스리시며 인간이 선택한 악을 통해서도 일하실 수 있다는 것을 의미한다.

예를 들어 아직 중국(을 비롯한 몇몇 나라)에서는 신자들이 핍박을 받고 종종 하나님을 믿는 것 때문에 죽임당하지만, 하나님을 사랑하고 섬기는 7천만 명 이상(약 1억 명으로 추정)의 사람들이 중국에 살고 있다. 지도층의 핍박이 더 심해질수록 더 많은 사람이 하나님을 의뢰한다.

세상이 어떻게 돌아가고 있는지 의문스럽다면 하나님이 다스리고 계신다는 사실을 기억하고 기뻐하십시오. 나라와 지도자들을 위해 기도하십시오. 하나님께서 이 세상의 지도자들을 통해 일하신다는 사실을 믿고 하나님을 신뢰하십시오.

036

선 한 것 에 마 음 을 쓰 라

너희가 전에는 어둠이더니 이제는 주 안에서 빛이라 빛의 자녀들
처럼 행하라 _ 엡 5:8

대부분의 계산대 앞에는 가십 기사로 채워진 잡지들과 타블로
이드판 신문들이 진열된 것을 볼 수 있다. 호기심의 충동질을 물
리칠 수 있는 사람은 그리 많지 않다. 마치 타블로이드판 신문이
"쌍둥이를 출산한 아흔여덟 살 할머니", "머리가 셋 달린 암소!",
"연예인 K 씨 이혼" 등의 선정적인 제목으로 우리를 움켜잡으려
는 듯이 보인다. 각종 신문과 잡지들은 유명한 사람들의 가장 사
적인 부분과 색다른 부분을 자세히 알려주겠다며 꼬드긴다. 충
동적인 구매자와 선정적인 기사에 열광하는 팬들이 한 달에 수
백만 부씩 이런 신문과 잡지를 산다. 각종 인쇄물의 무례한 기사
로부터 안전한 유명인은 거의 없다.

다른 사람의 삶에 대한 호기심은 인간의 한 속성으로 지속되어왔다. 이런 인쇄물이 에덴동산에도 있었다면 아마 "깨지기 직전까지 온 아담과 하와!", "결국 선악과를 먹은 하와!"와 같은 헤드라인이 달렸을 것이다.

사적인 이야기가 극적이면 극적일수록 더 많은 사람이 그 이야기를 듣고 싶어 한다. 무슨 이유 때문인지 인간은 내밀하고 육감적인 이야기들을 전달하고 싶어 한다. 그런 이야기에 몰두하고 전달하고픈 유혹을 이겨내는 것이 쉽지 않겠지만 시선을 돌리라. 시선을 다른 선한 방향에 두라. 최근 벌어진 불륜이나 다른 사람의 사악한 행동을 화제로 삼고 한담하는 대신, 인생의 좋은 요소들과 하나님의 선하심에 초점을 맞추라. 선한 것에 마음을 두라.

타블로이드판 신문의 시각으로 인생을 바라보지 마십시오. 부도덕과 사악함에 초점을 맞추지 말고, 더 높은 길을 선택하고 선한 것들에 마음을 쓰십시오.

037

낙심하지 말라

우리가 선을 행하되 낙심하지 말지니 포기하지 아니하면 때가 이르매 거두리라 _ 갈 6:9

영국의 위대한 지도자 윈스턴 처칠 경이 연단에 오르자 청중은 기대감을 더욱 높였다. 그는 졸업을 앞둔 옥스퍼드 대학의 학생들을 바라보며 말문을 열었다. 그리고는 졸업식 연설로는 아마도 역사상 가장 짧은 연설을 했다. "절대 포기하지 마라." 처칠은 이 말을 세 번이나 반복했다. 그는 분명히 그것이 세상으로 나가는 젊은이들에게 줄 수 있는 가장 중요한 메시지라고 생각했을 것이다.

갈라디아서 6장 9절은 그보다 좀 더 자세하게 이야기한다. 그러나 절대 포기하지 말라는 내용은 같다. 사실 사도 바울은 포기하지 말 것을 권면할 뿐 아니라 선한 일을 계속하라고 권면한다.

인간이라면 때때로 우울한 기분에 빠질 수 있다. 특히 열심히 일을 하다 육체적으로나 정신적으로 지칠 때 더 그렇다. 그럴 때는 그저 포기하고픈 마음이 들면서 아무리 열심히 해도 별 성과를 거둘 수 없을 것 같기만 하다.

사도 바울은 어떻게 용기를 내야 하는지, 그리고 어떻게 계속할 수 있는지에 대한 실마리도 제공해준다. 그것은 마지막 결과를 생각하라는 것이다. 자신이 어떻게 느끼는지에 초점을 맞추려 하지 마라. 아무리 수고해도 별 소용이 없다고 말하는 목소리에 귀를 기울이지 마라. 그 대신 뜀박질하면서 마지막 결승선에 마음을 집중하는 달리기 선수처럼 마지막 목표에 초점을 맞추라.

선한 일과 옳은 일을 포기하지 마십시오. 적절히 휴식을 취하고 하나님의 도우심을 구하면서 계속 선을 행하십시오. 주님이 합당한 보상을 해주실 것입니다.

038

격려를 주는 교제의 중요성

모이기를 폐하는 어떤 사람들의 습관과 같이 하지 말고 오직 권하여 그날이 가까움을 볼수록 더욱 그리하자 _히 10:25

격려는 영혼의 산소다. 산소가 없으면 인간은 죽는다. 우리는 산소를 마시며 살아간다. 그러나 병원이나 다른 의학적인 환경에서 경험할 수 있는 순수한 산소는 훨씬 더 강력하다. 그 순수하고 순전한 물질을 들이마시는 것을 통해 병약한 사람이 강해질 수 있다. 힘이 나고 기운이 솟는 것을 느낄 수 있다.

산소와 마찬가지로, 격려에도 지친 영혼을 북돋우고 상한 마음을 치유하는 힘이 있다. 축 처져 있는 생각을 들어 올려준다. 격려는 다양한 형태로 나타날 수 있다. 친구에게 진심어린 칭찬을 해줄 수도 있고, 일을 완수한 헌신적인 사람에게 감사의 표현을 담은 쪽지를 보낼 수도 있다. 또 힘들어하는 누군가의 마음을 위로하기 위해 사기를 북돋는 말을 전할 수도 있다. 또는 힘들어하는 사람에게 그저 어깨를 톡톡 쳐주며 도움의 손길을 내밀 수도 있다.

격려는 같은 믿음을 지닌 사람들이 모일 때나 교제할 때 가장 잘 이루어진다. 경건한 사람들과 함께 시간을 보내라. 직장이나 가족이나 다른 일들 때문에 그들과 멀어지는 일이 없도록 하라. 무슨 일이 생기면 교회, 공동체 프로그램, 소그룹 모임 등에서 다른 사람들과 함께 교제하는 시간을 포기하는 경우가 많다. 그러나 믿음을 지닌 사람들과 함께 시간을 보낼 때 그들과 자기 자신에게 줄 수 있는 격려와 도움과 소망을 찾을 수 있다.

교제는 살아가는 데 없어서는 안 될 매우 중요한 것입니다. 다른 사람들과 관계를 맺으십시오. 모임에 참여하여 마음을 주고받으십시오. 영혼에 산소가 충분히 공급되면 힘이 나고 기운이 솟아날 것입니다.

039

삶의 모든 것을 하나님께 맡기라

이로 말미암아 내가 또 이 고난을 받되 부끄러워하지 아니함은 내
가 믿는 자를 내가 알고 또한 내가 의탁한 것을 그날까지 그가 능
히 지키실 줄을 확신함이라 _딤후 1:12

메리는 은행의 안전 금고에 중요한 서류를 모두 보관하고 있다.
집문서나 저축성 채권이나 여타 특별한 문서를 확인하고 싶을 때
마다 은행에 가서 살펴본다. 그리고 금고 상자를 잠근 다음 은행
에 다시 그 상자를 맡겨둔다. 사람들은 서류 외에도 보석이나 돈
이나 다른 소중한 물건들을 안전 금고에 몇 개월 또는 수년 동안
보관한다. 이런 서비스를 제공하는 은행들은 고객의 재산을 보호
하기 위해 엄격한 지침을 따르고 있다.

개인 재산을 은행에 맡길 수 있는 것처럼 손으로 만질 수 없는
무형의 것을 하나님께 맡길 수 있다. 하나님은 전적으로 신뢰할
만한 분이다. 하나님은 우리가 드린 것들을, 그것이 감정이든 생

각이든 사랑하는 사람이든 그 어떤 은행보다 잘 맡아주신다. 사도 바울은 믿음 때문에 감옥에 갇혀 있으면서 그의 친구 디모데에게 편지를 썼다. 하나님을 향한 믿음 때문에 감옥에 갇힌 상황에서도 사도 바울은 여전히 하나님을 신뢰했다. 그리고 디모데에게도 하나님께 의탁할 것을 권면했다.

은행에 맡겨둔 서류 때문에 잠을 이루지 못하고 밤을 지새울 필요는 없다. 마찬가지로 하나님의 손에 무언가를 맡겨 놓으면 하나님께서 그것을 잘 관리해주실 것을 믿고 안심할 수 있다.

———

삶의 모든 부분을 하나님께 맡기십시오. 염려뿐 아니라 희망과 꿈과 계획을 모두 지금 하나님께 맡기십시오.

섬 김 을 통 해 얻 는 기 쁨

그러므로 우리가 이 직분을 받아 긍휼하심을 입은 대로 낙심하지
아니하고 _고후 4:1

자원봉사의 힘을 확인하려면 초등학교 행사를 찾아가 보라.
여기저기 도움의 손길이 넘치는 것을 볼 수 있다. 또는 지역사회
에서 기금을 모으기 위한 행사가 진행되는 곳에 가보라. 보이지
않는 곳에서 열정적으로 일하는 사람들의 표정을 보면 즐거운 시
간을 보내고 있음을 알 수 있을 것이다.

　모두 각자 섬기는 영역이 있다. 자원하는 마음으로 참여하면
일이 이루어진다. 당신도 교회에서든 지역사회에서든 행사나 단
체를 지원하기 위해 자신의 재능과 솜씨를 기꺼이 활용하고 있을
것이다.

　우리는 그저 우연이 아니라 하나님께서 주시는 상황으로 인해

다른 사람을 섬기는 기회를 종종 얻는다. 하나님께는 우리 각자를 위한 계획과 목적이 있다. 우리가 섬기는 영역들이 바로 그 계획과 목적의 일부이기도 하다. 섬김을 통해 우리는 다른 사람의 삶에 영향을 끼친다. 우리의 헌신과 친절을 통해 하나님께 헌신된 친절한 사람의 본보기를 보여줄 수 있다. 하나님께서 주신 능력을 적절히 사용하는 우리를 보면서 다른 사람들도 자신의 시간과 재능을 기꺼이 내어주고자 하는 마음을 가질 수 있다.

우리의 섬김을 통해 다른 사람들만 유익을 얻는 것은 아니다. 하나님께서 우리를 도움이 필요한 영역으로 인도하신다. 그래서 다른 사람들을 위해 좋은 일을 하게 될 뿐 아니라 우리도 그 열매를 거두게 된다. 다른 사람들을 도우면서, 즐겁고 흥미롭고 호기심을 갖게 하는 방법으로 보상해주시는 하나님을 발견할 것이다.

———

섬길 기회가 올 때 그 기회를 누리십시오. 그 기회는 당신의 삶과 당신 주변 사람들의 삶을 더 풍성하게 만드시기 위해 하나님이 주신 기회입니다.

041

우 리 안 에 있 는 보 화

우리가 이 보배를 질그릇에 가졌으니 이는 심히 큰 능력은 하나님께 있고 우리에게 있지 아니함을 알게 하려 함이라 _고후 4:7

보물찾기를 하고 싶다면 거울 속에 비친 당신의 모습을 들여다보라. 사도 바울에 의하면 거울에 비친 매력적인 그 사람에게는 소중한 것이 가득하고 그 속에 값진 보화가 숨겨져 있다. 고린도후서 4장 7절에서 바울이 말하는 보화는 예수님이다. 예수님은 우리 안에 있는 보화이며 우리는 질그릇에 비유할 수 있다.

성경이 기록된 장소와 시대에는 질그릇이 매우 중요한 것이었다. 질그릇은 보물상자처럼 아름다운 것은 아니지만 매우 유용하며 오랫동안 쓸 수 있었다. 평범하지만 집안일을 하는 데 없어서는 안 될 중요한 것이었다. 그러나 질그릇이 아무리 중요하다 해도 그 안에 들어 있는 내용물보다 더 중요한 것은 아니다. 질그릇의 가치는 그 안의 내용물을 안전하게 담을 수 있는 수용 능력에 달려 있다.

질그릇처럼 우리는 그저 평범한 도구다. 그런데 예수님이 우리 안에 거하기로 작정하셨다. 모든 사람이 그렇듯 우리도 불완전하고 잘못되기 쉽다. 그럼에도 하나님이 우리를 선택하셨다. 하나님은 하나님이 지으신 그 어떤 인간보다 훨씬 더 지혜로우신 분이다. 그런 하나님이 유한한 존재 안에 거하기로 하셨고 이 땅에서 믿는 사람들을 사용하기로 하셨다.

하나님이 우리 안에 사신다. 자신이 지은 피조물 속에 살면서 이 세상에서 놀라운 일을 행하신다. 하나님은 모든 사람을 통해 일하시기 때문에 온 세상에 그분의 영광이 드러나는 것이다.

나 자신이 마치 질그릇처럼 느껴진다면 기뻐하십시오. 하나님이 당신 안에 거하시며 당신을 사용하기로 하셨습니다. 중요한 것은 당신의 겉모양이 아니라 당신 안에 거하시는 분입니다.

042

하나님의 도우심으로 승리할 수 있다

우리가 사방으로 우겨 쌈을 당하여도 싸이지 아니하며 답답한 일
을 당하여도 낙심하지 아니하며 박해를 받아도 버린 바 되지 아니
하며 거꾸러뜨림을 당하여도 망하지 아니하고 _고후 4:8~9

타임엑스(Timex)는 오랫동안 인기를 누린 시계 중 하나다. 타임
엑스의 광고를 기억하는 사람도 있을 것이다. 그 광고에서는 상상
할 수 있는 모든 위험을 무릅쓰고 빠른 속도로 질주하는 한 트럭
이 타임엑스 쪽으로 덮친다. 그러나 타임엑스는 언제나 그 위험을
모면하며, 약간 낡아 보이지만 여전히 제 기능을 잘 발휘한다. 35
년 동안 타임엑스는 "얻어맞으면서 계속 째깍거리며 가라"는 카피
를 사용했다. 타임엑스는 아무도 멈추게 할 수 없는 무적의 시계
라는 내용이다.

우리도 같은 카피를 상용할 수 있다. 사도 바울도 그렇게 말할
수 있었을 것이다. 그는 두들겨 맞고 조난당하고 믿음을 지키다

감옥에 갇히는 등 온갖 시련을 다 겪었다. 그러나 줄곧 하나님을 위해 살면서 복음을 전했다.

믿음으로 인해 고난을 당한 경험이 아직 없을 수도 있다. 그러나 언젠가는 장애에 부딪힐 것이다. 어려운 때를 맞이하겠지만 그때를 지나고 나면 승리자가 될 것이다. 타임엑스 시계처럼 약간 낡아 보일 수도 있다. 그러나 기진맥진할 필요는 없다. 하나님의 능력이 함께하신다는 사실을 기억하면서 감정적으로나 영적으로 그리고 정신적으로 승리할 수 있기 때문이다. 시련에 초점을 맞추는 대신, 하나님의 능력에 집중하라. 하나님의 도우심으로 어려운 일들을 극복할 수 있을 것이다.

———

하나님께서는 힘든 시기를 감당할 수 있도록 함께할 것이라고 약속하십니다. 어떤 일이 닥치든 우리는 얻어맞으면서도 계속 째깍거리며 나아갈 수 있습니다.

043

삶의 중심에 하나님을 놓으라

그런즉 우리는 몸으로 있든지 떠나든지 주를 기쁘시게 하는 자가
되기를 힘쓰노라 _고후 5:9

우리는 여성들이 활동하기 좋은 시대에 살고 있다. 우리 어머
니나 할머니, 증조할머니 세대는 상상조차 할 수 없었던 것들을,
우리는 수없이 많이 누릴 수 있다. 예를 들어 우리 윗세대는 자동
차를 어떻게 운전해야 하는지 모를 수도 있다. 또 대학을 다닌다
거나 직장생활을 한 적이 없을 수도 있다. 하지만 우리는 가정을
꾸리고 가족을 돌보는 동시에 자유롭게 자신의 꿈을 추구할 수
있다. 예전에는 이러한 것을 다 이룰 수 있는 여성이 없었을 것이
다. 그러나 오늘날 여성들은 상당히 많은 것을 이루어 가고 있다.

현대를 살아가는 우리는 어머니 세대보다 더 많은 자유를 누
리고 있는 반면, 또 훨씬 더 분주하게 살아가고 있다. 직장뿐 아니

라 학교나 지역사회 단체, 교회 등에서 우리의 적극적인 참여를 요구한다. 자녀들은 우리가 도와줄 수 있는 것 이상의 숙제를 가지고 집으로 돌아온다. 수명이 연장되면서 나이 든 부모를 돌봐드려야 하는 시간도 늘어나고 있다.

그래서 분주한 일과 속에서 우리 삶의 초점을 잃어버리기 쉽다. 삶의 초점을 잃어버리면 많은 일을 힘겹게 하면서도 왜 그 일을 하고 있는지 알지 못한 채 살게 된다. 우리 삶에서 정말 중요한 것이 무엇인지 알아야 한다. 하나님께 초점을 맞추라. 정신없이 바쁜 일상 속에서도 여전히 삶의 중심에 하나님이 계시도록 해야 한다.

하나님을 가장 중요하게 여기십시오. 그러면 하나님이 다른 모든 일을 감당할 수 있도록 도우실 것입니다. 새로운 활력과 인도하심을 깨닫고 삶 속에 늘 함께하는 하나님을 새롭게 인식하십시오.

044
하나님의 눈으로 보라

그러므로 그리스도께서 우리를 받아 하나님께 영광을 돌리심과
같이 너희도 서로 받으라 _롬 15:7

율리는 하나님을 사랑하는 스물아홉 살의 아름다운 여성이
다. 그러나 예전의 그녀는 지금처럼 늘 아름답지만은 않았다. 10
대 소녀 시절과 대학 시절, 거친 삶을 살기로 작정한 듯한 그녀의
무모함 때문에 그녀를 아끼고 사랑하는 사람들은 깊은 좌절감을
느껴야 했다. 술과 마약과 문란한 성생활 속으로 그녀는 점점 더
깊이 빠져들었다.

율리를 오래 보아온 한 여성은 이렇게 말했다. "전 오랫동안 그
녀를 방탕아라고 불렀어요. 그런데 하나님께서 제게 그녀를 반항
아나 방탕아로 보는 대신, 하나님의 자녀로 보라고 하셨어요. 그
리고 그것이 모든 것을 바꾸어놓았죠. 하나님이 그녀를 바라보시

듯이 저도 약속과 목적을 지닌 하나님의 사랑스러운 자녀로 율리를 바라보기 시작했죠. 아직 힘들 때가 간혹 있어요. 하지만 그 너머를 바라보고 하나님의 마음을 닮은 완성된 그녀의 모습을 그려볼 수 있게 되었지요. 그 뒤로는 그녀를 생각하면서 당황하거나 슬퍼하지 않게 되었어요."

당신은 방황하는 10대 자녀나 타락한 친구를 본 적 없을지도 모르겠다. 그러나 살면서 언젠가는 다루기 어렵거나 좋아하기 힘든 사람을 만주하게 된다. 그런 사람을 대하는 것이 때로는 상당히 힘든 일이 될 수도 있다. 로마서 15장 7절은 다른 사람을 받아들이라고 격려한다. 다루기 힘든 사람을 만날 때 하나님이 그 사람을 보시듯이 그 사람을 볼 수 있게 도와달라고 기도하라. 그리고 하나님의 눈으로 그 사람을 바라보려고 노력하라. 하나님은 그 사람의 삶을 위한 계획을 갖고 계신다. 그리고 그 사람을 다듬어 나가고 계신다.

당신이 알고 있는 사람들을 만들어져 가는 걸작품으로 바라보는 습관을 기르십시오. (당신을 포함한 모두는 아직 완성된 작품이 아닙니다.) 하나님이 그들을 통해 행하실 놀라운 일들을 상상해보십시오.

045

믿음의 사람을 가까이하라

너희는 믿지 않는 자와 멍에를 함께 메지 말라 의와 불법이 어찌
함께하며 빛과 어둠이 어찌 사귀며 _고후 6:14

키트와 마이클은 사람들을 집으로 초대해 게임하는 것을 좋
아한다. 대체로 두 사람은 서로 다른 팀이 되어 게임을 한다. 키트
는 게임을 하면서 수다떨다가 자기 차례가 된 것을 종종 잊는다.
반면 마이클은 끊임없이 전략을 짜면서 다른 사람들이 어떻게
움직이는지를 주시한다. 키트의 목적은 게임을 통해 즐거움을 만
끽하는 것이다. 반면 마이클은 게임에서 이기는 데 초점을 맞춘
다. 마이클과 키트는 서로를 아낀다. 그러나 한 팀이 되고 싶어 하
지는 않는다.

그리스도인이 되는 것은 하나님, 예수님, 성령님과 한 팀이 되
는 것이라고 할 수 있다. 우리는 같은 팀에 속한 사람들과 함께 이

땅에서 하나님을 따르고 순종하고자 하는, 거의 같은 목표를 지니고 같은 방향으로 나아가게 된다. 우리와 같은 믿음을 갖지 않은 사람들과는 목표가 서로 맞지 않을 수도 있다.

예를 들어보자. A라는 사람은 전적으로 하나님을 따르고 싶어한다. 그런데 부유하게 사는 것을 목표로 삼고 식당 체인점 사업을 시작한 B와 한 팀이 되었다. A와 한 팀이 된 B는 자신이 운영하는 식당이 성적(性的)으로 자유로운 곳이 되어야 한다고 방침을 세운다. 그러나 하나님을 따르고자 하는 A는 그런 방침이 도덕적으로 옳지 않다는 사실을 잘 알고 있다. 때문에 A는 자신과 목표가 다른 사람과 한 팀을 이룸으로써 힘든 결정들을 피할 수 없는 상황에 처하게 된다.

하나님을 따르지 않는 사람들을 피할 필요는 없다. 성경은 하나님을 섬기는 사람이 하나님을 모르는 사람과 사귀고, 그들과 관계를 맺도록 격려하고 있다. 그러나 가장 친밀한 우정과 관계를 위해서는 하나님을 믿는 사람들과 함께하는 것이 좋다.

당신의 삶에 가장 큰 영향을 미치고 있는 믿음의 사람을 떠올려보십시오. 그 사람과의 관계를 더 깊고 친밀하게 하기 위해 좀 더 많은 시간을 할애하십시오.

여호와께 능치 못할 일은 없다

여호와께 능하지 못한 일이 있겠느냐 기한이 이를 때에 내가 네게
로 돌아오리니 사라에게 아들이 있으리라 _창 18:14

이미 아기를 가질 수 있는 나이가 훌쩍 지났는데 천사가 나타
나 곧 아기를 갖게 될 것이라고 말한다면, 평범한 대부분의 여성
은 아마 매우 놀라고 당황할 것이다.

사라는 웃음을 터뜨렸다. 아기를 갖고 싶지 않아서 그랬던 것
은 아니다. 90년을 살면서 그녀는 임신을 위해 노력해왔다. 하나
님께서 그녀에게 엄마가 될 거라는 메시지를 보내신 것이 처음도
아니었다. 전에도 그리 말씀하셨지만 아무런 일도 일어나지 않았
다. 그래서 사라는 자신의 여종에게 자기 남편 아브라함의 아이
를 갖도록 부추기면서 하나님을 '도우려' 했었다. 사라는 여종이
아이를 낳으면 자신이 직접 키울 작정이었다. 그러나 하나님의 약

속이 이루어지도록 도우려 했던 사라의 그 계획은 결국 크나큰 혼란을 불러왔다.

　세월이 흐른 후 하나님은 사라와 아브라함에게 약속을 상기시켜주셨다. 사라의 웃음은 그녀가 아기를 품에 안게 되리라는 기대를 포기했음을 보여준다. 그러나 천사는 그녀에게 "여호와께 능하지 못한 일이 있겠느냐"는 사실을 상기시켰다.

　하나님이 당신에게 무언가를 약속하셨다고 믿지만 그 약속의 성취를 아직 보지 못했을 수도 있다. 아직 이루어지지 않아 바라는 결과를 유도하기 위해, 사람과 여건을 조종하고픈 유혹을 받는다. 그러다가 실패하고 실망하면 하나님에 대한 기대를 포기하픈 유혹을 받는다.

　그러나 포기하지 마라. 계속 하나님께 소망을 두라. 하나님의 때는 우리의 때와 같지 않다.

―――――

하나님은 약속을 지키실 것입니다. 하나님의 템포를 신뢰하십시오. 가장 적절한 때에 행하시는 하나님을 기다리십시오. 하나님께 능치 못한 일은 아무것도 없다는 사실을 결코 잊지 마십시오.

047
영혼 깊숙한 평강

아무것도 염려하지 말고 다만 모든 일에 기도와 간구로, 너희 구할 것을 감사함으로 하나님께 아뢰라 그리하면 모든 지각에 뛰어난 하나님의 평강이 그리스도 예수 안에서 너희 마음과 생각을 지키시리라 _빌 4:6~7

평강. 이 얼마나 좋은 말인가! 평강이라고 하면 저마다 각기 다른 광경을 떠올릴 것이다. 비누 거품이 이는 따뜻한 물속에 노곤한 몸을 담그고 있는 광경을 떠올리는 사람이 있을 테고, 향기로운 꽃들이 가득 피어 있는 정원을 생각하는 사람도 있을 테다. 어쩌면 그저 아이들이 없는 조용한 오후를 떠올리는 사람도 있을 것이다. 어떤 광경이든 평화롭게 쉴 수 있는 그런 순간들을 상상한다.

그러나 평강은 외적인 환경보다 훨씬 더 심오한 것으로, 마음과 영혼 깊은 곳에 자리하는 것이다. 완전한 평강을 찾을 수 있는 방법이 있다. 그것은 기도로 모든 걱정과 염려를 하나님께 맡기

영혼 깊숙한 평강

123

는 것이다. 하나님은 기꺼이 우리에게 귀 기울이실 뿐 아니라 우리 마음속에서 일어나고 있는 것들을 하나님께 알리도록 촉구하신다.

모든 것을 하나님께 아뢸 때 놀라운 일이 벌어진다. 전에는 알지 못했던 평강으로 채워진다. 왜 그런 평안이 느껴지는지 모를 수 있다. 때때로 그 평강은 설명하기 힘들다. 왜냐하면 세상의 모든 논리는 걱정하고 염려하라고 하는데, 형언할 수 없는 평안이 당신의 영혼을 채우기 때문이다. 또한 즉각적으로 하나님이 모든 것을 다스리신다는 사실을 알게 되기 때문이다. 하지만 그것이 바로 진정한 평강이다.

———

마음속에 있는 모든 것을 말하도록 하나님이 당신을 초대하십니다. 그 초대에 응할 때 하나님이 평강을 주실 것입니다.

048
성령으로 충만하라

술 취하지 말라 이는 방탕한 것이니 오직 성령으로 충만함을 받으라_엡 5:18

성경을 읽다가 성령으로 충만하라는 명령을 접하면 어렵게만 느껴진다. 그런데 사실상 성령으로 충만하게 된다는 것은 간단한 개념이다. 그리고 성경에 있는 가장 신나는 약속 중 하나다.

충만하다는 것은 하나님의 성령으로 '인도하심을 받고 다스림 아래 능력을 덧입는다'는 뜻이다. 성령으로 충만하게 되는 것은 어려운 일이 아니다. 길고 복잡한 과정을 거쳐야 하는 것도 아니다. 우리의 동기와 관심사를 하나님께 단순히 맡김으로써 성령으로 가득 차는 것이다.

우리 안에 거하시는 성령을 통해, 그리고 삶을 다스려주시도록 그분을 초대한 이들에게는 매우 실제적인 일을 통해, 하나님이 우리에게 원하시는 삶을 매일 살아갈 자원들을 공급해주시는 것을 알게 된다. 병원에서 차례를 기다릴 때, 또는 교회나 모임에 참석할 때 성령께서 우리에게 말씀하실 수 있다. 그리고 성령님의 목소리는 많은 영역에서, 아주 사소한 부분까지 매우 직접적으로 나타날지 모른다. 성령님은 어떤 사람에게 격려의 편지를 쓰라고 하실 수도 있고, 특정 누군가에게 우리 관심을 돌리게 하실 수도 있다. 그로 인해 누군가를 찾아가 대화할 필요를 느낄 수도 있다.

성령으로 충만해지는 것은 마음속에 지혜롭고 친밀한 친구가 있는 것과 같다. 성령께서 언제든지 말씀하고 인도하고 격려하며 힘을 주실 수 있다. 때때로 성령님의 감동이 아주 세미해서 성령님이 우리 마음속에 계신다는 사실을 깨닫지 못하는 순간도 있을 것이다.

———

성령께서 이끌고 능력을 붓고 감싸 안아주실 수 있게 해드리십시오. 성령께서 당신을 전적으로 다스리시도록 하십시오. 그러면 하나님께서 놀라운 방법으로 당신을 통해 일하시는 것을 볼 것입니다.

049

활력 촉진제 같은 하나님

끝으로 너희가 주 안에서와 그 힘의 능력으로 강건하여지고
_엡 6:10

1980년대 미드웨이 오락기(Midway Games) 회사는 팩맨(Pac-Man)이라는 오락실 게임기를 제작했다. 그리고 소위 말하는 대박이 터졌다. 1982년까지 미드웨이 사는 30만 대의 팩맨 게임기를 팔았다. 게임의 내용은 간단하다. 팩맨이라 불리는 작은 노란색 공이 괴물을 피해 판 위를 돌아다니면서 점들을 먹어치우는 것이다. 팩맨이 판 위에 있는 네 개의 활력 촉진제 중 하나를 먹으면 괴물은 팩맨을 해칠 수 없다. 그때는 팩맨이 무적의 존재가 되어 오히려 괴물들을 잡아먹을 수 있다. 그래서 팩맨은 괴물에게 잡히기 전 필사적으로 활력 촉진제를 먹기 위해 돌진한다. 제때 활력 촉진제를 손에 넣는 것이 관건이다.

기본적으로 인간은 그 작은 팩맨과 다를 바 없다. 성경이나 인간의 경험을 사소하게 취급하려는 것은 아니다. 우리는 바쁜 일상 때문에 뛰어다니다 갑자기 무서운 속도로 달려드는 일에 완전히 휘둘릴 때가 있다. 그럴 땐 팩맨처럼 스스로의 힘만으로는 맞닥뜨린 상황을 제대로 다룰 수 없다.

　우리에게는 우리를 막강하게 만들어줄 활력 촉진제 같은 것은 없다. 그러나 그보다 더 좋은 것이 있다. 우리가 사용하기를 기다리시는 하나님의 능력이다. 우리는 그저 하나님을 부르고 하나님을 의지하고 하나님의 능력에 의존하기만 하면 된다. 그러면 우리에게 닥치는 어떠한 모진 역경도 이겨낼 수 있다.

활력 촉진제(또는 활력소, 영양소)가 필요하면 하나님께 나아가십시오. 당신이 상상조차 하지 못했던 힘을 불러일으켜 주실 것입니다.

지 도 자 를 대 하 는 자 세

종들아 두려워하고 떨며 성실한 마음으로 육체의 상전에게 순종
하기를 그리스도께 하듯 하라 _엡 6:5

"내 삶이 달라질 것 같아. 이제 시작될 변화에 마음이 설레."

처음에 조디는 그리 즐겁지 않았다. 수년 동안 그녀는 동료인
헬렌이 상사의 비위를 맞추고 간들거리며 유혹하는 것을 지켜보
았다. 상사는 헬렌을 편애하기 시작했다. 조직 개편을 앞두고 조
디는 헬렌이 곧 직속 상사가 될 것 같은 조짐을 보았다. "그때 다
른 회사로 옮길 기회가 왔다고 생각했어요"라고 조디는 말했다.

우리에게도 까다로운 상사나 지도자(리더)를 대해야 할 때가
있다. 그러나 안타깝게도 그런 일이 일어날 때 우리 모두 조디처
럼 회사를 그만둘 수 있는 것은 아니다.

사도 바울이 에베소 교회에 편지를 썼을 때 에베소 교회는 까

다로운 상사를 대하는 것보다 훨씬 더 힘든 상황 속에 있었다. 에베소 교회 성도들은 종의 신세였다. 다른 사람들의 소유였다. 그런 비참한 상황 속에서 그들은 상전(육신의 주인)에게 존경을 표해야 한다는 권면을 받았다. 마치 예수님을 섬기듯이 모든 말과 행동으로 주인을 섬겨야 했다.

에베소 교회 이야기에는 직장생활을 하는 이들이 배울 수 있는 핵심이 들어 있다. 당신이 만약 까다로운 상사와 함께 일하고 있다면 그에게 상사로서 받아 마땅한 존경을 표하라. 교회나 다른 단체에서 함께 일하는 리더가 그리 달갑지 않더라도 하나님을 섬기는 것처럼 그를 섬기라. 그런 자세를 지닐 때 리더는 차츰 유순해질 것이다. 설령 리더의 태도가 달라지지 않는다 할지라도 그런 자세를 지니게 된 당신은 이전보다 훨씬 더 나은 사람으로 변화될 것이다.

지도자들을 위해 기도하십시오. 하나님의 도우심을 구하며, 그들이 좋은 본보기가 되도록 간구하십시오. 그리고 당신은 모든 일에서 하나님의 사랑이 나타나게 하십시오.

약속의 성취를 아직 보지 못했는가?
그러나 포기하지 마라. 계속 하나님께 소망을 두라.
하나님의 때는 우리의 때와 같지 않다.

제3부

내 삶에
격려가 되는
묵상

051

다른 사람을 판단하지 말라

그러므로 남을 판단하는 사람아, 누구를 막론하고 네가 핑계하지
못할 것은 남을 판단하는 것으로 네가 너를 정죄함이니 판단하는
네가 같은 일을 행함이니라 _롬 2:1

엘리는 모든 일을 제대로 처리하는 자신을 자랑스럽게 여겼다.
일처리가 뛰어난 그녀는 당연스레 인정과 좋은 평판 속에서 정기
적으로 승진을 해왔다. 주일에는 교회에 나가 예배를 드렸고 정기
적으로 봉사활동을 다녔으며 집안은 늘 깨끗하게 정돈되어 있었
다. 모든 것이 제자리에 있었다. 그녀는 남자들이 자신을 이용하
도록 내버려두지 않았고, 늘 몸과 마음의 순결함을 중요하게 생
각하며 살아갔다.

반면 로리는 할 수 있는 모든 실수를 다 했다. 그녀는 산만하고
자유분방했으며, 공짜로 술을 마실 수 있는 기회를 결코 놓치지
않았다. 로리가 휴게실에서 다른 사람들의 험담하는 것을 볼 때

마다 엘리는 로리가 상사에게 호된 질책이라도 받게 되길 바랐다.

그러던 중 엘리는 로마서 2장 1절을 읽곤 멈칫했다. 그리고 자신이 성경에 나오는 바리새인처럼 다른 사람을 판단하고 있다는 사실을 깨달았다. 하나님의 명령만으로는 만족할 수 없었던 바리새인은 더 많은 규율을 만들어 지키면 경건한 사람이 될 수 있으리라 생각했다. 그런 규율을 따르는 자신들을 다른 사람보다 낫다고 여겼다. 그들은 하나님을 사랑한 것이 아니라 하나님을 견뎌 낸 것이었다.

엘리는 자신의 죄를 하나님께 가져갔다. 죄를 고백하고 회개했다. 곧 옥죄던 것에서 풀려난 듯 마음속에 자유가 넘쳐흘렀다. 그리고 그녀는 로리 역시 여러 문제와 어려움을 안고 있는 또 한 사람의 직장인이라는 사실을 깨달았다.

———

우리는 쉽게 남을 판단합니다. 다른 사람을 깎아내리고 있는 자신을 발견할 때 삶을 돌아보십시오. 그리고 이해하는 마음과 자비로운 마음을 하나님께 구하십시오. 그 마음으로 행하십시오.

052

믿음을 세워 나가는 법

그러므로 너희가 더욱 힘써 너희 믿음에 덕을, 덕에 지식을, 지식에 절제를, 절제에 인내를, 인내에 경건을, 경건에 형제 우애를, 형제 우애에 사랑을 더하라_벧후 1:5~7

1952년 한 목수가 한가로운 시간에 장난감을 만들기 시작했다. 그런데 그렇게 만든 장난감이 사람들에게 큰 인기를 끌었다. 그래서 그는 목수 일을 그만두고 장난감 만드는 일에 집중했다. 그가 만든 장난감은 변함없이 사랑을 받고 있다. 당신도 아마 어린 시절 그 장난감을 가지고 놀았을 것이다. 바로 레고(LEGO)다. 레고는 플라스틱 블록 조각들을 하나하나 맞추고 쌓아가는 장난감이다.

우리의 영적인 삶도 레고 놀이와 비슷하다. 하나님을 더 가까이하면서 좀 더 닮아가려고 애쓰면 당신의 삶이 점점 세워진다. 그 기초는 하나님을 '믿으면서' 하나님과 맺어진 '관계'다. 그 믿음

위에 선한 것들을 쌓아올린다. 친절과 덕성, 관대함 등과 같은 자질들을 계발한다. 믿음에 균형이 잡히고 믿음다운 믿음이 되도록 믿음에 지식을 더한다. 성경을 공부하고 하나님에 대해 더 많은 것을 배운다.

믿음은 자동적으로 세워지지 않는다. 노력하고 훈련해야 한다. 하나님의 선하심을 이 땅에서 드러내는 본보기가 될 수 있는 방법을 찾아내며 기뻐할 수 있어야 한다. 하나님을 더 많이 알아가고, 백성을 향한 하나님의 은혜와 사랑을 더 많이 알아가야 한다.

그리고 그 일은 레고 블록으로 무언가를 만들어가는 것보다 훨씬 만족스럽고 즐거운 일이 될 것이다.

———

오늘 하루를 살아가면서 믿음을 세울 수 있는 방법들을 찾아보십시오. 당신을 더 강하고 아름답게 해줄 조각들을 찾아내면서 자신의 영적 보화들을 캐내십시오.

053

완 전 히 새 사 람 이 되 다

맑은 물을 너희에게 뿌려서 너희로 정결하게 하되 곧 너희 모
든 더러운 것에서와 모든 우상 숭배에서 너희를 정결하게 할 것
이며 또 새 영을 너희 속에 두고 새 마음을 너희에게 주되 너
희 육신에서 굳은 마음을 제거하고 부드러운 마음을 줄 것이며
_겔 36:25~26

낡고 오래된 집을 완전히 개조하여, 예전 모습은 전혀 찾아볼
수 없을 만큼 아름답고 멋진 집을 만들어주는 TV 프로그램을
본 적이 있을 것이다. 방송이 시작할 때는 '얼마나 바뀌겠어?' 싶
었던 집이 마술처럼 완전히 바뀌고 그로 인해 행복해하는 집주
인을 보며 부러워한 경험이 있을 것이다.

TV 프로그램만이 아니다. 하나님이 한 사람을 완전히 변화시
키실 때 그 사람에게 일어나는 현상이기도 한다. 한 사람에게 '새
마음'을 주시는 하나님을 그려보라. 하나님께서는 굳어서 쓸모없
고 고집스럽고 불순종하는 마음을 제거하시고 그 자리에 새로운
마음, 하나님과 완벽하게 조화를 이루는 건강하고 아름답고 유

순한 마음을 심으신다. 하나님께 순종하고 하나님의 명령을 따르며 하나님의 계획을 실현하고 싶어 하는 마음이다. 전적으로 하나님께 헌신된 마음이다.

아직도 나쁜 습관이나 잘못된 태도와 씨름하고 있을지 모르겠다. 그러나 하나님이 소망을 주신다. 당신을 완전히 바꾸셨다. 당신은 여전히 당신이고 당신의 개성도 그대로다. 그러나 당신의 마음을 채우고 있는 사고방식과 삶의 자세, 견해와 생각들이 달라졌다. 생명을 심고 삶을 이롭게 하는 것들로 새로워졌다. 이제 당신은 완전히 새 사람이다.

당신이 아무리 녹슬고 황폐해진 낡은 마음을 가지고 있다 할지라도, 당신과 함께하시는 하나님의 도우심으로 당신은 새로워질 수 있습니다. 하나님은 사람들을 완전하게 변화시키십니다.

054

섬기기 위해 받은 은사

각각 은사를 받은 대로 하나님의 여러 가지 은혜를 맡은 선한 청지기같이 서로 봉사하라 _벧전 4:10

생일을 맞은 베티는 화려하게 포장된 선물 꾸러미들이 식탁 위에 놓인 것을 보았다. 베티는 기대에 차서 선물 꾸러미를 풀었다. 첫 번째 상자를 열자 하트 모양 펜던트가 매달린 작은 목걸이가 나왔다. '분별하는 마음'이라는 글귀가 새겨진 예쁜 목걸이였다. 또 다른 선물 꾸러미를 풀었다. 그 안에서는 좀 이상한 물건이 나왔다. '다른 사람을 돕는'이라는 글귀가 새겨진 작은 로켓이었다. 다른 상자들에서도 '가르치는', '훈계하는', '다른 사람을 격려하는' 등의 글귀가 새겨진 선물들이 나왔다.

꾸러미를 풀다가 베티는 문득 이 선물들이 평범한 생일선물이 아니라는 사실을 깨달았다. 그 선물은 바로 하늘에서 온 영적인

144

은사들이었다.

하나님을 믿기 시작한 영적 생일에 하나님께서는 당신에게 영적 은사들을 주셨다. 그 은사들은 격려하고 위로하는 능력, 효과적으로 가르치고 전파하는 능력, 영적으로 도와주고 이끌어주고 나눠주는 재능처럼 손으로 만질 수 있는 것들이 아니다. 그것들은 하나님이 사랑하는 모든 사람에게 주시는 능력과 재능과 힘이다.

각 사람에게 주시는 은사들은 각기 다르게 구성되기 때문에 똑같은 은사를 똑같이 공유하고 있는 사람은 아무도 없다. 그러므로 당신과 똑같은 방식으로 다른 사람들을 도울 수 있는 사람은 아무도 없다. 우리에게 주신 은사들은 다른 사람들을 더 잘 섬길 수 있도록 우리를 돕기 위해 주어진 것이다.

하나님은 우리에게 다른 사람을 섬길 수 있도록 은사를 주십니다. 그 은사들을 사용하십시오. 다양한 면모를 지닌 하나님의 선하심을 다른 사람들에게 전하십시오. 하나님이 은혜와 사랑과 기쁨으로 되돌려주실 것입니다.

055

유 혹 을 경 계 하 라

근신하라 깨어라 너희 대적 마귀가 우는 사자같이 두루 다니며 삼킬 자를 찾나니 _벧전 5:8

아기들은 자신이 눈을 가리면 상대방도 자신을 볼 수 없을 거라 생각한다. 당신도 종종 아기들과 함께 손으로 눈을 가렸다 뗐다 하며 숨바꼭질 비슷한 놀이를 해봤을 것이다.

때때로 우리는 세상에서 일어나는 잘못된 일들에 대해 아기와 같은 자세를 취한다. 사회에서 일어나는 잘못된 일들을 무시해버리면 그 문제들이 나와 무관할 거라 생각하는 경향이다. 그러나 애석하게도 그렇지 않다. 성경은 악행과 미움과 각종 차별과 갖가지 많은 잘못을 매우 실제적인 것이라고 말한다.

마귀가 갈퀴를 든 모습으로 나타나지는 않는다. 마귀는 영적인 영역에서 존재하면서 사람들로 하여금 하나님께 불순종하고 잘못된 의도를 갖고 행동하도록 부추긴다. 아기들이 자기 눈을 가리는 것처럼 우리도 그런 영적 원수가 존재하지 않는 것처럼 가장할 수 있을 것이다. 그러나 그렇게 할 때 우리는 쉽게 유혹에 넘어가 잘못을 범하게 되기 쉽다.

유혹을 받지 않는 사람은 아무도 없다. 실제로 모든 사람마다 유혹에 쉽게 넘어가는 영역이 있다. 당신이 쉽게 유혹받는 영역을 솔직하게 들여다보라. 그리고 유혹에 넘어가지 않도록 경계할 수 있는 방법들을 준비해두라.

유혹과 악은 물리칠 수 있습니다. 그전에 먼저 그 존재를 인정하십시오. 그리고 유혹과 악을 똑바로 직시하는 일부터 시작하십시오.

056

선한 삶으로 하나님을 전하라

너희가 이방인 중에서 행실을 선하게 가져 너희를 악행한다고 비방하는 자들로 하여금 너희 선한 일을 보고 오시는 날에 하나님께 영광을 돌리게 하려 함이라 _벧전 2:12

제니는 선교사가 되기로 했다. 그래서 직장 안식년 기간 동안 인도에 있는 선교 단체에서 자원봉사를 하기로 했다. 그곳에서 그녀는 마더 테레사(Mother Teresa)가 캘커타(Calcutta)에 설립한 '죽어가는 사람들을 위한 집'(Home for the Dying in Calcutta)을 방문할 수 있었다. 그녀가 평생 존경하던 마더 테레사를 만났을 때 느꼈을 전율을 상상해보라. 동료에게 그 이야기를 전하는 제니의 얼굴은 빛났다. 직접 만났는데도 믿겨지지 않았다. "그분이 제게 입을 맞추어주었어요. 바로 여기에." 제니는 자신의 이마를 손으로 짚으며 말했다.

선교사가 되고 싶어 하는 사람들만이 마더 테레사를 높이 평가하는 것은 아니다. 어떤 종교에 속한 사람이든 마더 테레사가 훌륭한 사람이라는 데 모두 동의한다. 그녀는 재산이 많아서, 또는 뛰어난 지도력을 지니고 있어서 사람들에게 알려진 것이 아니다. 선한 일을 했기 때문에, 사람들을 배려하고 그들을 돌보았기 때문에 유명해졌다. 마더 테레사는 하나님의 모습을 비춰주었고 전 세계 많은 사람들이 그녀의 말에 귀를 기울였다. 그리고 그녀가 하는 일들 속에서 하나님의 모습을 볼 수 있었다.

우리 역시 마더 테레사처럼 주변에 있는 사람들에게 영향을 끼칠 수 있다. 사랑과 긍휼을 전하는 선한 삶을 살아가며 다른 사람이 당신을 통해 하나님을 엿볼 수 있도록 하라. 온화함과 상냥함으로 사랑을 전하는 삶을 살아가는 데 초점을 맞추라.

———

주변을 돌아보십시오. 온화함과 상냥함을 표현할 수 있는 방법을 찾아보십시오. 다른 누군가의 삶에 하나님의 선하심을 전하십시오.

149

057

유혹에 맞서 싸우라

그런즉 너희는 하나님께 복종할지어다 마귀를 대적하라 그리하
면 너희를 피하리라 _약 4:7

제시카가 상가 거리를 지나고 있었다. 오늘은 소비를 줄이기로
다짐하고 외출한 터였다. 옷가게를 지나는데 눈을 사로잡는 옷이
있었다. 디자인도 색도 마음에 들고 취향에 딱 맞는, 당장 입기
좋은 완벽한 옷이었다. 옷을 만지다가 소비를 줄이기로 다짐한 것
이 생각났다. 그런데 그 옷값은 쓸 수 있는 돈의 한계를 훨씬 초과
하는 것이었다.

옷을 내려놓고 가게를 나가려는 순간, 어떤 사람이 제시카의
어깨를 톡톡 치며 물었다. "왜 사지 않고 돌아서는 거죠?" 여러 이
유를 댈 수 있었다. 그러자 그는 고개를 저으며 말했다. "신용카드
가 있잖아요? 왜 그런 걱정을 하죠?"

그의 말에 제시카는 빨려 들어갈 뻔했다. 전에도 그 목소리를 들은 적이 있다. 유혹하는 목소리, 영적 원수의 목소리, 성경이 마귀라 부르는 자의 목소리였다. 그녀는 온 힘을 다해 그 자를 떠밀면서 그의 정강이를 걷어차고 돌아섰다. 그러고는 냉정을 되찾고 차분히 그 자리를 떠났다.

당신도 이런 유혹을 받을 수 있다. 마음속에서 들려오는 목소리는 당신을 현혹하고 속이거나 옳지 않다고 생각하는 일을 하도록 부추길 수 있다. 여기 그런 공격에 대처할 수 있는 방법이 있다. 유혹에 맞서 싸워야 할 때 매우 중요한 구절이 되는 야고보서 4장 7절을 기억하는 것이다. 마귀를 대적하라. 하나님이 힘을 주실 것이다. 이 구절을 소리 내어 인용할 수도 있다. 비열한 원수의 올가미를 끊어버리는 검으로써 이 구절을 사용하라.

유혹은 우리가 사는 동안 결코 끝나지 않을 것입니다. 그러나 하나님은 유혹을 물리칠 수 있다는 확신을 우리에게 주십니다. 마귀는 분명 도망치고 말 것입니다.

058
정 말 로 소 중 한 것 을 분 별 하 라

이는 세상에 있는 모든 것이 육신의 정욕과 안목의 정욕과 이생의
자랑이니 다 아버지께로부터 온 것이 아니요 세상으로부터 온 것
이라 이 세상도, 그 정욕도 지나가되 오직 하나님의 뜻을 행하는
자는 영원히 거하느니라 _요일 2:16~17

한번쯤 이런 종류의 질문을 받아본 적이 있을 것이다. "집에 불
이 났다면 무엇을 챙겨 나올 것인가? 주어진 시간은 3분뿐이다."

이 질문은 우리 삶 속에서 정말로 중요한 것에 초점을 맞추는
데 도움이 된다. 지금 한번 생각해보라. 무엇을 가지고 나갈 것인
가? 휴대폰? 지갑? 가족사진? 최근 산 신제품?

매일 많은 사람이 중요한 것이 무엇인지에 대한 그들의 생각
을 당신에게 쏟아붓고 있다. 그들은 대단한 권력이나 재력이 있다
는 것을 다른 사람들에게 보여주기 위해, 그리고 안락함을 즐기
기 위해 좋은 차를 몰고 다녀야 한다고 말할 것이다. 근사하게 보
이기 위해 특정한 옷을 입어야 한다고 말할 것이다. 그리고 불완

전한 신체의 일부를 제거하기 위해 성형수술을 해야 한다고 말할 것이다. 좋은 평판을 얻기 위해 멋진 집에서 살아야 한다고 말할 것이다. 물건을 팔기 위한 자극적인 광고의 말들을 당신은 잘 알고 있다.

갖가지 광고가 우리를 유혹하는 세상 속에서, 내적인 나침반을 진리에 맞추라. 분별하는 데 도움이 될 것이다. 정기적으로 자신의 삶을 점검해보면서 정말로 소중한 것이 무엇인지를 분별하라. 그리고 천국으로 가져갈 수 있는 것에 투자해야 한다는 것을 잊지 마라.

———

내일 세상을 떠난다면 무엇을 가지고 갈 것인지, 남기고 갈 것은 무엇인지를 곰곰이 생각해보십시오. 인생에 대한 균형 잡힌 시각을 유지하십시오.

059
하나님을 위한 삶

형제들아 세상이 너희를 미워하여도 이상히 여기지 말라
_요일 3:13

조이가 부장이 되었을 때, 선임 부장은 조이에게 여러 조언을 해주었다. 조이는 그 조언들 모두 소중히 여겼다. 그러나 그중에서도 가장 소중히 여긴 조언은 "관리는 인기를 얻으려고 경쟁하는 것이 아니다"라는 충고였다.

조이는 새로 사업을 시작한 회사에서 일했는데 그 회사는 젊고 진취적인 사람들을 고용했다. 그들을 적절한 곳에 배치하고 업무에 집중할 수 있도록 하는 일에는 훈계가 따라야 했고, 때로는 엄하고 단호한 말이 필요했다. 살다 보면 다른 사람이 인정하든 하지 않든 해야 할 말과 해야 할 일이 있다. 좋은 인상보다 책임이 앞서기 때문이다.

신앙과 윤리에 있어서도 같은 경험을 하게 될 것이다. 하나님을 위해 살아가려고 노력하는 당신을 다른 사람은 이해하지 못할 수 있다. 또 그들은 당신이 어떤 태도와 행동을 잘못으로 여기는 이유, 반대로 어떤 행동은 지지하는 이유를 이해하지 못할 수도 있다. 중요한 것은 하나님을 우선시하지 않는 세상에서 하나님을 위해 살아간다는 사실에 초점을 맞추는 것이다. 사회적인 방해나 큰 견해 차이에도, 하나님을 위해 살아가는 것은 우리가 감당해야 할 책임이며 우리가 누려야 할 특권이다.

물론 그렇다고 해서 거슬리는 사람이 되어도 된다는 것은 결코 아니다. 매력적이고 호감가는 사람이 되기 위해 최선을 다하라. 친절은 좋은 것이다. 그러나 하나님을 위해 살거나 하나님에 대해 이야기한다면 당신을 향해 날아오는 화살을 목도하리라는 사실을 알고 있어야 한다. 그리고 그런 일이 일어난다 해도 당신은 해야 할 일을 하라.

———

계속 하나님을 위해 살아가십시오. 그리스도인은 인기를 얻기 위해 경쟁하는 사람이 아닙니다. 그리스도인은 예수 그리스도께 촛점을 맞추는 사람입니다.

060

언 제 나 좋 은 말 을 하 라

모든 일을 원망과 시비가 없이 하라 _빌 2:14

그리스도인이 된 글렌다는 삶을 대하는 태도가 이전과 달라졌
다. 예전에는 다른 사람들에 대해 불평했지만 지금 그녀는 이렇
게 말한다. "하나님이 아직 저 사람들과의 일을 끝내지 않으셨어."
누군가의 실수를 비난하거나 빈정거리는 대신 "하나님께 다른 생
각이 있으실 거야"라고 말한다. 그리고 자신이 원하는 대로 되지
않을 때에도 "하나님, 제게 생각해봐야 할 것들을 주셔서 감사해
요"라고 고백하거나 "하나님, 그런 생각은 해보지 못했어요"라고
한다.

하룻밤 사이에 누구나 그런 태도를 가질 수 있는 것은 아니다.
그러나 빌립보서 2장 14절은 하나님을 따르는 사람들이 지녀야

할 생활태도를 보여준다. 원망이나 불평이나 시비가 없어야 한다. 대신 칭찬과 감사와 인정과 격려의 말을 해야 한다.

　말하기가 행하기보다 훨씬 쉽다고 하는 사람들이 있다. 그러나 일이 잘못 돌아갈 때 불평과 비난을 하지 않는 것이 출발점이다. 좋은 생각과 건전한 생각, 기분을 유쾌하게 하는 말들로 마음을 채우라. 불평을 몰아낼 수 있는 성경구절을 암송하라. 불평하거나 비난하는 말을 하는 사람이 아니라, 언제나 좋은 말을 하는 사람이 되라. 마음 자세를 바르게 하는 데 하나님이 관여해주시기를 기도하라. 그러면 불평이나 비난이 입에서 나오려고 할 때 지적해주시고 깨닫게 해주시는 하나님을 발견할 것이다.

─────

"해야 할 좋은 말이 없다면 그 어떤 말도 하지 말라"라고 말한 사람이 있습니다. 이 말을 조금 바꿔봅시다. 해야 할 좋은 말이 없다 해도 어쨌든 좋은 말을 하십시오.

061

칭 찬 과 감 사 를 아 끼 지 말 라

형제들아 우리가 너희에게 구하노니 너희 가운데서 수고하고 주
안에서 너희를 다스리며 권하는 자들을 너희가 알고 그들의 역사
로 말미암아 사랑 안에서 가장 귀히 여기며 너희끼리 화목하라
_살전 5:12~13

주일학교 교사 앤은 아이들의 뜻밖의 칭찬에 깜짝 놀랐다. 한
아이는 "선생님은 재밌게 가르쳐주셔서 좋아요"라고 말했다. 또
한 아이는 "이해하기 쉽게 가르쳐주셔서 감사해요"라고 말했다. 그
리고 다른 아이는 "선생님은 좋은 사람이에요. 선생님이 이야기하
는 걸 들으면 알 수 있어요"라고 말했다.

앤의 반 아이들은 가르치고 인도하는 사람에게 감사하고 그
를 존경하라는 데살로니가전서의 중요한 진리를 무의식 중에 실
천하고 있었다. 교사들의 수업이나 그들이 가진 생각에 대해 긍
정적으로 말하는 것은 그리 흔히 접할 수 없다. 그래서 교사들은
부은 노력의 결과를 거의 볼 수 없기 때문에 중도에 낙심하고 포

기하게 된다. 그러나 앤이 맡은 반 아이들처럼 그렇게 교사들을 칭찬해줄 때 교사들은 매주 신나게 주일학교 교실을 향해 달려 갈 것이다.

당신을 지도했던 훌륭한 교사와 지도자들을 떠올려보라. 지금 이, 당신을 격려해주고 인도해주었던 선생님들께 편지를 쓰거나 전화를 하거나 선물을 들고 찾아갈 때일 수도 있다. 그들의 반응 에 깜짝 놀라게 될 것이다. 그들은 분명히 고마워하고 기뻐할 것 이다. 당신을 양육해준 사람들에게 그들이 당신의 삶에 얼마나 많은 영향을 끼쳤는지를 알려줄 수 있는 힘이 당신에게 있다. 그 러니 그냥 묻어두지 말고 표현하라.

———

누구에게나 칭찬과 격려가 필요합니다. 감사는 어느 곳에서나 누구 에게나 전할 수 있는 것입니다. 오늘 주위 사람에게 감사의 마음을 표현하십시오.

062

더 크게 생각하고 간절히 구하라

우리 가운데서 역사하시는 능력대로 우리가 구하거나 생각하는
모든 것에 더 넘치도록 능히 하실 이에게 _엡 3:20

제인은 어떤 강의를 듣고 큰 충격을 받았다. 그 강의에서 강사
는 하나님을 위해 크게 생각해야 한다고 청중에게 도전했다. 그
는 에베소서 3장 20절을 인용하면서 "하나님께 내년에 이 세상
에서 무언가를 해달라고 요청할 수 있다면 당신은 무엇을 구할
것인가?"라고 물었다. 제인은 그 질문에 대답하지 못했다. 그러나
시간이 지날수록 그 문제에 대해 깊이 생각하게 되었다.

그리고 그전까지 생각했던 것보다 더 크고 더 넓게 생각하기
시작했다. 얼마 후 동남아시아에서 일어난 쓰나미 소식이 세상을
뒤흔들었다. 그 소식 앞에서 제인은 '하나님의 영이 그들에게 부
어진다면 어떻게 될까?', '그들을 돕는 이들에게 힘을 더한다면 어

떨까?' 하는 생각을 했다.

제인은 지금껏 관심 두지 않았던 일에 관심을 갖기 시작했고, 기도하지 않았던 문제들에 대해 기도하기 시작했다. 하나님께서는 그 기도에 날개를 달도록, 그녀가 캄보디아 선교 사역에 참여할 수 있게 이끄셨다. 그녀는 지구 반 바퀴를 돌아 캄보디아의 가난한 사람들이 자립적으로 수산업을 시작할 수 있도록 도왔다. 많은 캄보디아 사람이 예수님을 믿게 되었고 제인은 그들과 깊고 친밀한 우정을 맺었다.

크게 생각하는 것은 성경의 가르침이 아니라고 말하는 이들의 말에 귀 기울이지 마라. 하나님은 우리가 큰일을 기대하고 행하게 되길 그 어느 때보다 바라신다. 모든 일을 하나님의 발 앞에 내려놓으라. 그리고 하나님이 우리를 통해 세상에 큰일을 행하실 수 있도록 간절히 기도하라.

———

하나님이 세상에서 큰일을 하시는 것은 하나님을 따르는 사람들이 그렇게 기도했기 때문입니다. 기도로 동역하십시오. 그러면 하나님께서 당신이 생각하고 상상하는 것보다 훨씬 더 큰일을 행하실 것입니다.

063
하나님의 사랑과 징계

무릇 내가 사랑하는 자를 책망하여 징계하노니 그러므로 네가 열
심을 내라 회개하라 _계 3:19

자녀교육에 관심이 있다면 '생각의자'에 대해 들어보았을 것이
다. 아이가 말을 듣지 않거나 다른 아이를 때리거나 규칙을 어길
때, 미리 정해둔 의자로 아이를 데려가 그 의자에 한 1분 정도 앉
아 있게 한다. 그런 온화한 훈계 방식은 아이들을 잠시 멈추게 한
다음, 자신이 저지른 일에 대해 생각하고 더 나은 선택을 할 수
있도록 고안된 것이다. 정해둔 시간이 끝나면 아이는 다시 다른
아이들과 함께 자유롭게 놀 수 있다.

자녀가 성장하고 나면 부모는 훈계를 멈춘다. 그러나 하나님의
자녀인 우리는 성인이 되어도 우리를 바로잡으시는 하나님의 손
길을 계속 경험한다. 사람들은 하나님의 훈계에 각기 다른 방식

으로 반응한다. 격렬하게 항의하는 사람도 있고 자신의 잘못을 인정하지 않는 사람도 있으며 상황을 탓하는 사람도 있다. 또 잘못을 하나님 앞에서 인정하는 것을 넘어서 낙심하고 자신을 끔찍한 사람으로 몰아붙이면서 감정적으로 괴롭히는 사람도 있다. 그런 이들은 무언가를 잘못했다는 사실에 얽매인 채 스스로를 패배자라고 여긴다.

하나님의 징계는 생각의자에서 보내는 시간처럼 영원히 지속되지 않는다. 하나님은 잔인해지기 위해, 또는 능력을 과시하기 위해 사람들에게 '영적 매질'을 가하는 분이 아니시다. 하나님의 징계는 사람의 주의를 환기시키고 자신의 잘못을 보고 더 나은 선택을 생각할 수 있도록 돕는다. 징계는 하나님의 사랑을 드러내는 하나의 징표다. 하나님이 우리를 사랑하시지 않는다면 우리가 어떻게 행동하든 관여하시지 않을 것이다.

———

하나님의 징계를 받게 되면 그 징계를 받아들이고 하나님의 용서를 구하고 앞으로 나아가십시오. 하나님은 우리 마음이 죄책감에서 벗어나 자유롭기를 바라십니다.

064

하 나 님 과 의 교 제 를 즐 거 워 하 자

볼지어다 내가 문 밖에 서서 두드리노니 누구든지 내 음성을 듣고
문을 열면 내가 그에게로 들어가 그와 더불어 먹고 그는 나와 더
불어 먹으리라 _계 3:20

전쟁 당시 나온 "당신을 원합니다"라는 엉클 샘 슬로건을 알고
있는가? 하나님도 그와 비슷한 슬로건을 내거셨다. 하나님은 "나
는 너와 친밀하게 교제하고 싶다"라고 말씀하신다.

예수님은 요한을 통해 라오디게아 교회에 말씀하셨다. 그 교회
는 부유했고 건물과 보물과 사람이 많았고 모든 좋은 것이 있었
다. 그러나 예수님은 그들에게 미지근하다고 책망하시며 그 때문
에 그들을 가난하다고 하셨다. 그들은 뜨겁지도 차갑지도 않았
다. 뜨거운 사람은 하나님을 위해 자신이 할 수 있는 모든 것에 전
력을 다한다. 차가운 사람은 하나님을 멀리하고 하나님과 무관하
게 살아간다. 미지근한 사람은 그 중간에 서서 헌신하지도 않고

167

하나님을 위해 무언가를 하려 하지도 않을 뿐 아니라 그저 하루 하루 버티며 살아갈 뿐이다.

그렇게 미지근한 사람들을 위해 예수님은 문을 열고 같이 먹고 이야기하며 교제하자고 하신다. 실제 관계에서 누릴 수 있는 모든 좋은 것을 함께하자고 초대하신다. 하나님은 우리를 샅샅이 아시고, 자신을 우리에게 알리고 싶어 하는 하나님의 열망을 표현해오셨다. 하나님의 열망은, 우리 안에 선을 바라는 진정한 열망이 불타오르는 것이다. 하나님은 우리가 하나님을 맞이하면서 "예, 하나님이 원하시는 그런 교제를 하겠습니다"라고 말하기를 간절히 바라신다. 하나님은 우리가 하나님을 위해 뜨거운 사람이 되기를 바라신다.

하나님이 문 앞에 서 계십니다. 우리를 기대하며 기다리고 계십니다. 우리는 하나님의 소중한 사람입니다. 하나님께서는 우리가 그분에 대해 알기를 원하실 뿐 아니라 그분과의 교제를 즐거워하길 바라십니다.

065

사랑하는 자여, 가까이 오라

하나님을 가까이하라 그리하면 너희를 가까이하시리라 죄인들아
손을 깨끗이 하라 두 마음을 품은 자들아 마음을 성결하게 하라
_약 4:8

젊은 시절, 그레이스와 브루스는 함께 있기를 좋아했다. 특히
브루스의 차를 몰고 달리는 시간을 좋아했다. 그레이스가 문쪽
에 가까이 앉으면 브루스는 그레이스를 자기 쪽으로 오게 만들려
고 재빨리 의자 모퉁이를 잡고 "이리 와"라고 했다. 그레이스는 그
때마다 웃으면서 브루스 옆으로 가까이 다가갔다. 그렇게 운전하
는 동안에도 두 사람은 바짝 붙어 서로를 감싸 안을 수 있었다.

세월이 흘러 두 사람은 결혼하여 가정을 이루었다. 두 사람은
여전히 운전석과 조수석이 하나로 연결된 차를 이용했고, 신혼
초기에는 차를 몰 때마다 그레이스가 브루스 옆에 바짝 다가가
앉았다.

세월이 흘러 아이들이 고등학교에 다니던 어느 날 그레이스는 남편을 바라보며 말했다. "아이들이 생기고 난 후에도 우린 늘 아주 가까이 붙어 다녔잖아요. 그런데 요즘은 당신은 그쪽에, 나는 이쪽에 이렇게 뚝 떨어져 있어요. 우리에게 대체 무슨 일이 일어난 거죠?" 그레이스는 한숨을 내쉬었다.

브루스는 아내를 바라보며 미소 지었다. "난 늘 같은 자리에 앉아 있어요. 그쪽으로 간 건 당신 같은데?" 그러자 그레이스가 씩 웃으며 브루스 쪽으로 다가갔다.

브루스와 그레이스의 이야기는 재미있기도 하지만 한편으론 중대한 원리를 보여준다. 하나님에게서 멀리 떨어져 있다고 느끼는가? 하나님께 더 가까이 다가가고 싶은가? 그렇다면 그냥 가까이 다가가라.

하나님은 결코 우리에게서 물러나지 않으십니다. 언제나 우리 옆에서 우리를 기다리고 계십니다. 오늘 하나님께 조금 더 가까이 다가가십시오.

066

당신의 주인은 누구인가

무슨 일을 하든지 마음을 다하여 주께 하듯 하고 사람에게 하듯
하지 말라 이는 기업의 상을 주께 받을 줄 아나니 너희는 주 그리
스도를 섬기느니라 _골 3:23~24

대니얼(Daniel) 박사가 '에이즈'라는 무서운 질병에 걸린 환자를
치료하기 전까지 에이즈라는 병명은 거의 알려져 있지 않았다. 대
학병원 의사이자 전염성 질병 전문가인 그는 에이즈로 죽어가는
사람들의 병상 곁에서 수많은 시간을 보냈다. 때때로 대니얼 박
사의 환자들은 자신을 사랑한다고 생각했던 이들에게서 받아야
했던 냉대와 좋지 않은 상황에 대해 털어놓았다. 대니얼 박사는
그들의 이야기에 귀를 기울이고 약을 처방하고 위로해주었다.

환자들이 고맙게 여긴 것은 그의 보살핌만이 아니었다. *그가*
보살핀 환자들과 그가 가르친 학생들을 비롯해 그의 병실에서
일하는 외국인 인턴들과 친구들은 모두 한결같이 대니얼 박사가

주변에 있을 때 그들의 육체와 영혼이 치유되는 것을 느낄 수 있었다.

이후 대니얼 박사는 자신이 하고 있는 일에 대한 전문가로서 미국 전역에 알려졌다. 그에게 왜 그렇게 열심히 일하는지, 왜 다른 사람들의 삶에 아무런 대가를 바라지 않고 투자하는지 물어보라. 그러면 그는 "하나님이 제게 주신 일을 하고 있기 때문입니다. 그리고 그렇게 하는 것이 하나님이 절 사용하시는 방법이기 때문입니다. 하나님이 내 주인이시기 때문에 그저 최선을 다해 일하는 것뿐입니다"라고 대답할 것이다.

당신은 다른 사람들의 생명을 구하거나 병든 사람들을 치료하는 일을 하지 않을지 모른다. 대신 떠들썩한 초등학생이 가득한 교실에서 일하고 있을 수도 있고, 온종일 사무기록을 정리하며 일할 수도 있다. 그러나 하나님을 정말로 주인으로 생각한다면, 무슨 일을 하든 지금 있는 곳에서 변화를 일으킬 수 있다.

———

최선을 다해 하나님을 위해 일하고 있음을 인식하고 있습니까? 그렇다면 지금 하고 있는 일에서 만족과 기쁨을 찾게 될 것입니다. 또한 하나님이 보상해주실 것입니다.

067

좋은 생각을 하기 위한 기도

끝으로 형제들아 무엇에든지 참되며 무엇에든지 경건하며 무엇
에든지 옳으며 무엇에든지 정결하며 무엇에든지 사랑받을 만하
며 무엇에든지 칭찬받을 만하며 무슨 덕이 있든지 무슨 기림이 있
든지 이것들을 생각하라 _빌 4:8

샐리는 종종 무슨 일이 있었는지 잘 기억하지 못한다. 사소한
일들은 더 자주 잊어버린다. 그리고 나서 전혀 기대하지 않았을
때 갑자기 기억을 떠올리곤 한다.

하나님이 생각나게 해주시는 순간을 경험하기 위해 꼭 나이가
많이 들어야 하는 것은 아니다. 그런 순간은 모든 연령층에게 찾
아온다. 특히 자신이 원하는 것보다 훨씬 더 바쁠 때나 상당한 중
압감을 느낄 때, 그런 순간(중요한 것을 기억에서 놓치는 순간과 반대
로 잊었던 것을 갑작스레 떠올리는 순간)을 맞이하게 된다. 그런 일은
생각보다 흔하다.

인간의 기억력이 얼마나 효과적으로 작용하는지를 알게 되면

경이롭다. 컴퓨터 안에 많은 정보가 들어 있다고 생각하는가? 인간의 두뇌에는 그보다 훨씬 더 많은 정보가 들어 있다. 무엇인가를 기억해내는 건강한 마음이 있다는 것은 복된 일이다. 그렇지만 사람들에게 상처를 받거나 수치심을 느꼈을 때와 같은 좋지 않은 기억들을 들추어낼 때는 그리 달갑지 않을 것이다. 그리고 낙심하게 하는 보도나 사회적인 문제, 세상에서 일어나는 끔찍한 일 등 부정적인 생각이 마음에서 떠나지 않을 때에도 아마 좌절감을 맛볼 것이다.

빌립보서 4장 8절은 우리가 선택할 수 있음을 상기시켜준다. 다양한 생각이 우리 마음이라는 화면 위에 떠오른다. 그러나 달갑지 않은 생각까지 오래 남겨둘 필요는 없다. 추악한 일, 상처, 수치스러운 일 등 좋지 않은 일들을 마음에 담고 있을 필요가 없다. 우리는 좋은 것들, 참되고 거룩하고 옳은 것들을 생각하기로 마음을 정할 수 있다.

불쾌한 기억이나 생각이 떠오르면 오래 되새기지 말고, 하나님이 생각나게 하시는 것들을 누릴 수 있게 해달라고 기도하십시오. 생각과 망각을 하나님께 맡기십시오. 하나님이 주시는 좋은 생각에 집중하십시오.

068

필요를 채워주시는 하나님

나의 하나님이 그리스도 예수 안에서 영광 가운데 그 풍성한 대로
너희 모든 쓸 것을 채우시리라 _ 빌 4:19

모든 사람은 각자 꿈을 지니고 있다. 세리의 꿈은 직장을 그만
두고 가정에서 육아에 전념하는 것이다. 그래서 남편과 상의하는
동시에 기도하기 시작했다. 기도를 통해 세리는 하나님이 그 바람
을 인정해주신다고 느꼈다. 그래서 과감하게 실행했다. 자신이 받
던 월급을 보충할 수 있을 만큼 돈을 아껴 쓰는 방법들을 모색했
다. 그리고 하나님께 가정의 재정적인 필요를 돌봐달라고 자주 기
도했다. 그리고 정기적으로 받던 월급 없이도 살아갈 수 있다는
것을 알게 되었다.

하나님이 기적적인 방법으로 세리의 가정에 돈을 쏟아부어 주
신 것은 아니다. 세리의 가족은 특정한 것 없이 살아가는 법을 배

왔다. 세리는 하나님이 물건을 저렴하게 구입할 수 있도록 도우시는 것을 느꼈다. 하나님이 필요한 모든 것을 다 공급해주셨다. 이후 그녀는 다른 어머니들을 돕기 위한 웹 사이트와 단체를 시작했고, 자신처럼 육아에 전념하기 원하는 이들을 돕기 위해 두 권의 책을 썼다.

빌립보서 4장 19절은 하나님이 우리를 돌보시리라는 것을 놀랍게 상기시켜준다. 이 구절은 세리처럼 하나님이 재정적으로 돌보시는 것을 체험한 이들이 자주 언급한다. 그러나 사실은 그 이상이다. 하나님이 우리의 (재정만이 아닌) 모든 필요를 채워주신다는 사실을 상기시키기 때문이다. 감정적인 필요도 있고 주변 사람들을 참고 견디는 인내일 수도 있다. 또 격려와 희망이 필요할 수도 있다. 하나님이 그런 필요들을 채워주신다. 우리가 원하는 모든 것을 다 주시지는 않을 것이다. 그러나 하나님은 우리의 모든 필요를 채워주실 것이다.

자립적인 사람이 되어 자신을 스스로 돌보고 싶어 하는 것이 인간의 본성입니다. 그러나 하나님께 기회를 드리십시오. 당신의 필요를 채워주시기를 구하십시오. 그리고 하나님이 명료하게, 또는 잘 드러나지 않게 공급해주시는 방법들을 주의깊게 살펴보십시오.

069

받은 은사가 다르다

우리에게 주신 은혜대로 받은 은사가 각각 다르니 혹 예언이면 믿음의 분수대로 _롬 12:6

캐시는 논설이나 원고를 읽으며 교정하기를 좋아한다. 대부분의 사람은 구두점 같은 작은 실수까지 찾아내고 인쇄에 들어가기 전에 모든 것이 완벽한지를 확인하는 교정 작업을 따분하고 지루한 일이라 생각한다. 그러나 캐시는 온종일 사무실에 혼자 앉아 각 페이지마다 꼼꼼하게 교정하는 일을 아주 좋아한다. 그래서 회의에 참석해야 한다거나 교정하는 일을 맡은 다른 직원들을 감독하고 지휘해야 할 때는 좀 귀찮아한다.

제니퍼는 같은 사무실에서 일하는 캐시의 동료다. 제니퍼는 글쓰는 일을 좋아하고 그녀가 쓴 글들을 캐시가 교정한다. 사실 제니퍼가 가장 하고 싶지 않은 일이 바로 교정하는 일이다.

두 사람의 상사인 보니에게는 인력과 직무를 관리하는 능력이 있다. 그들의 동료인 브루스는 상품 판매전략을 구상하기 좋아한다. 린다는 이 모든 일에 관심이 없다. 그 대신 그녀는 사무실이 원활하게 돌아갈 수 있게 보좌하는 비서직을 잘 수행한다. 사무실은 순조롭게 잘 돌아가는 편이다. 각자 자신이 좋아하는 일을 맡아 하고 있기 때문이다. 그들은 각자 자신의 특별한 기술과 능력을 사용하여 일을 하고 있다.

누구에게나 하나님이 주신 특유의 능력이 있다. 그리고 그 각각의 능력은 모두 중요하다. 당신에게 있는 기술은 일터나 교회나 가정에 있는 다른 모든 사람의 기술과 다른 것이다. 그리고 그 기술은 다른 모든 사람의 기술만큼이나 매우 중요한 것이다. 당신의 재능을 필요로 하는 곳이 있다. 하나님이 당신에게 어떤 재능을 주셨는지를 알게 되면 이를 적절히 사용하면서 큰 기쁨을 누리게 될 것이다.

———

자신의 능력을 평가해보십시오. 가장 하고 싶은 일들을 적어보십시오. 그리고 하나님이 주신 재능과 기술을 사용하며 기쁨을 누릴 수 있음을 알고 감사하면서 전심을 다해 그 일들을 해나가십시오.

070

하나님이 기뻐하시는 아름다움

너희의 단장은 머리를 꾸미고 금을 차고 아름다운 옷을 입는 외
모로 하지 말고 오직 마음에 숨은 사람을 온유하고 안정한 심령
의 썩지 아니할 것으로 하라 이는 하나님 앞에 값진 것이니라
_벧전 3:3~4

해마다 수백만 명의 사람들이 누가 그래미상과 에미상과 오스
카상을 받을지 확인하기 위해 채널을 맞춘다. 사실 수상보다 유
명인사들이 차려 입은 의상이 더 이목을 끈다. 충격을 주기 위해
고안된 옷을 과시하는 인사도 있고 세계적인 디자이너가 만든
우아하고 세련된 의상을 자랑하는 인사도 있다. 갖가지 보석이
그들의 온몸을 휘감고 반짝거린다. 머리 손질과 화장도 손색없이
완벽하다.

평범한 사람이 그런 패션 퍼레이드를 보고 난 후 거울 속에 비
친 자신의 모습을 보면 마음이 씁쓸해진다. 거울에 비친 모습은
유명 연예인의 아름다움과 거리가 멀다. 그래서 사람들은 자신을

더 아름답고 근사하고 매력적으로 느끼게 해줄 것이라고 약속하는 수많은 물건을 고르는 데 수억 달러를 쓴다. 그러나 하나님은 외적인 아름다움에는 한계가 있다는 사실을 일깨워주신다. 물론 어떻게 보이는지는 중요하다. 그러나 하나님은 사라지지 않는 내적 아름다움을 훨씬 더 중요하게 여기신다고 베드로전서 3장은 분명히 말한다.

하나님이 우리에게서 가장 보고 싶어 하시는 것은 '절제된 힘'이라고 불리는 온유함이다. 이는 말과 행동을 절제할 수 있다는 것을 의미한다. 그런 사람은 존경할 만하고 영향력 있고 온유하고 친절하다. 그리고 하나님 앞에서 잠잠하고 고요하다. 또한 하나님의 음성을 듣고 하나님이 주시는 복을 구한다. 다른 이의 관심을 끌기 위해 아우성치는 세상에서 온유하고 평온한 심령을 지닌 사람은 하나님을 감동시킨다. 그런 사람에게는 변치 않는 고귀한 아름다움이 있다. 하나님은 그러한 그분의 백성을 귀하게 여기신다.

———

자신을 좀 더 아름답게 꾸미고 싶어질 때마다 온유하고 평온한 심령을 일구기 위해 노력하십시오. 하나님은 우리에게서 그런 성품들을 보고 싶어 하십니다.

071
우리를 향한 하나님의 생각

하나님이여 주의 생각이 내게 어찌 그리 보배로우신지요 그
수가 어찌 그리 많은지요 내가 세려고 할지라도 그 수가 모래
보다 많도소이다 내가 깰 때에도 여전히 주와 함께 있나이다
_시 139:17~18

누군가를 사랑한다는 것은 즐거운 일이다. 그런데 사랑하는 사
람에 대해 너무 많이 생각하기 때문에 마음이 산란해지기 쉽다.
실제로 사랑하는 사람을 떠올릴 때마다 동전 한 닢씩 저금통에
넣는다면 그리 오래 지나지 않아 곧 신혼여행에 필요한 자금을
모을 수 있을 것이다.

그리고 누군가를 사랑할 때 예민한 관찰력을 갖게 된다. 웃는
모습과 목소리와 습관적인 행동 같은 것들을 알아보게 된다. 그
리고 사랑하는 사람과 나눈 대화 한마디 한마디를 되짚어보게
된다. 서로 사랑하는 두 사람은 때때로 자신들만의 세상 속에서
살아가는 것처럼 보인다.

당신이 흠모하는 사람 역시 당신을 선택했다는 사실을 알게 될 때 그 얼마나 감격스럽고 영광스러운가? 그 사람이 당신을 사랑한다는 사실을 아는 것은 산이라도 뛰어넘을 수 있을 만큼의 기쁨과 힘과 용기를 준다. 누군가를 사랑하는 사람은 강력한 힘을 발휘한다.

당신이 사랑하는 사람을 생각하면서 얼마나 많은 시간을 보내든, 그것은 하나님이 당신을 생각하면서 보내는 시간에 비하면 아무것도 아니다. 하나님은 당신이 하는 일을 지켜보시고 당신이 하는 말에 귀를 기울이시고 당신에 대한 모든 것에 주목하신다. 당신이 잠을 잘 때에도 하나님은 당신을 생각하신다. 그리고 아침에 잠에서 깨어날 때도 당신은 여전히 하나님의 마음속에 있다.

하나님은 당신을 사랑하시기 때문에 당신에게 시간과 열정을 집중하신다. 당신이 즐거운 하루를 보냈다면 하나님도 당신과 함께 기뻐하시며, 당신이 힘겨운 하루를 보냈다면 하나님도 당신과 함께 마음 아파하신다. 하나님은 당신에게로 향하는 마음을 억제하실 수 없을 만큼 그렇게 당신을 사랑하신다.

———

당신이 어디를 가고 무엇을 하든, 하나님께서는 당신이 얼마나 아름답고 사랑스러운지를 생각하십니다.

072

모든 지혜의 근원

여호와를 경외하는 것이 지혜의 근본이요 거룩하신 자를 아는 것
이 명철이니라 _잠 9:10

세상을 떠난 남편이 집에 보화를 남겨두었다는 사실을 뒤늦게
알게 된 여성이 있었다. 그러나 그것이 어떤 보화인지 알지 못했
다. 남편은 선하고 조심스럽고 친절하며 모든 면에서 점잖은 사람
이었다. 그는 돈이나 인기에 연연하지 않았다. 사람들이 종종 그
를 찾아와 조언을 구했다. 그의 아내는 그런 남편이 보화로 남겨
둘 것이 도대체 어떤 것일까 매우 궁금했다.

집 전체를 샅샅이 살펴보았지만 아무것도 찾지 못했다. 그러던
어느 날 남편이 쓰던 옷장 서랍에서 종이쪽지 하나를 발견했다.
그녀는 남편이 아침에 그 쪽지를 꺼내 읽고선 간단하게 기도하곤
했던 것을 기억해냈다. 그리고 그것이 바로 자신이 찾던 보화임을

알아차렸다. 그녀는 쪽지를 펴서 읽었다. "이것이 보화다. 삶의 진수는 하나님을 경외하는 것에서 시작된다."

성경에는 그녀의 남편이 남긴 말의 핵심이라 할 수 있는 잠언 9장 10절을 비롯한 많은 보화가 들어 있다. 모든 그리스도인에게는 경건하게 문제를 해결하고 사랑하는 사람들을 잘 돌볼 수 있는 지혜가 필요하다. 먼저 하나님을 존경하고 하나님을 따름으로써 그 지혜를 찾을 수 있다. 책을 읽는다고 해서 필요한 모든 지혜와 경건함과 상식을 다 얻을 수 있는 것은 아니다. 그런 것들은 공영 방송 프로그램에서 얻을 수 있는 것도 아니다. 지혜는 하나님과의 관계를 통해, 즉 하나님을 아는 것을 통해서 온다.

―――――

하나님은 지혜로우신 분이며 모든 지혜의 근원이십니다. 우리는 성경에서 하나님의 지혜를 찾을 수 있습니다. 성경을 읽고 묵상하고 적용하십시오. 하나님의 지혜로 충만해질 것입니다.

073

순 종 이 희 생 보 다 낫 다

사무엘이 이르되 여호와께서 번제와 다른 제사를 그의 목소리를
청종하는 것을 좋아하심같이 좋아하시겠나이까 순종이 제사보다
낫고 듣는 것이 숫양의 기름보다 나으니 _삼상 15:22

상사가 샐리의 책상 앞으로 다가와 다른 일보다 먼저 오후 3시
에 있을 회의의 보고서를 준비하라고 지시했다. 그녀는 알겠다고
대답한 다음 분주하게 보고서를 작성했다.

샐리는 쌓여 있던 서류 더미에서 보고서 작성에 필요한 자료
들을 찾아냈다. 또 그 더미에서 미결 상태로 남아 있던 보고서 두
건을 같이 찾아내었고 미결 건부터 빨리 끝마치기로 했다. 그런
데 프린터가 말썽을 부려 시간을 잡아먹었다. 그리고 다시 상사
가 지시한 3시 회의에 제출할 보고서를 작성했다. 동료가 샐리를
도와주었음에도 충분하지 않았다. 3시가 되어 상사가 나타났지
만 보고서는 완성된 상태가 아니었다.

질책하는 상사에게 샐리는 "하지만 온종일 최선을 다했어요"라고 탄식했다. 사실이었다. 샐리의 상황이 안타깝긴 하지만 상사의 견해도 이해할 수 있다. 그녀가 잘한 부분도 있지만 결국 상사의 지시를 따르지 않은 것이기 때문이다.

사울에게도 비슷한 문제가 있었다. 그는 하나님께 제사를 드렸고 그것은 잘한 일처럼 보였다. 그런데 사실 사울은 하나님의 지시를 따르고 싶지 않았던 것이다. 하나님의 말씀 대신 다른 좋은 일을 한다면 하나님이 너그럽게 봐주실 것이라고 생각했을지 모른다. 그러나 그렇지 않았다. 하나님은 순종을 더 원하셨다.

우리는 하나님께서 하라고 명령하신 것을 묵묵히 행하는 대신, 하나님을 위해 시간과 자원과 열심을 쏟아부으며 희생하려 할 때가 종종 있다. 우리의 희생이 아무리 위대한 것이라 할지라도 하나님은 그런 희생보다 순종을 더 원하신다.

우리가 하나님께 순종할 때 하나님 나라의 일은 훨씬 더 지혜롭고 효과적으로 이루어질 것입니다. 하나님을 위한 희생은 좋은 것입니다. 그러나 하나님의 말씀에 순종하는 것이 훨씬 더 중요합니다.

074

믿 음 으 로 세 상 에 영 향 력 을 발 하 라

너는 말 못하는 자와 모든 고독한 자의 송사를 위하여 입을 열지
니라 _잠 31:8

"종교는 대단한 것이다. 그러나 사회와는 무관하다." 종교는 감
정적으로 매력적인 것에 그칠 수 있다. 그러나 정말 그런가?

로버트 레이크스(Robert Raikes)는 그렇게 생각하지 않았다.
1800년대 초 영국에서 그는 부모들이 일하는 동안 길거리를 배
회하는 아이들에게 관심을 갖고 염려하게 되었다. 그래서 그 아이
들의 삶에 변화를 주기 위해 자신의 믿음을 사용했다. 그렇게 해
서 그는 오늘날 '주일학교'라 불리는 사역을 처음 시작했다.

에반젤린 부스(Evangeline Booth)도 그렇게 생각하지 않았다. 그
녀의 가족은 영국에 있는 가난한 사람들에게 복음을 전하기 위
해 공적인 교회체계를 떠났다. 부스는 구세군이라 불리는 사역이

미국으로 번져 나가는 것을 지켜보았다. 그녀는 예수님의 이름으로 무료 급식시설과 미혼모와 사회에서 버려진 외로운 사람들을 도왔다.

피니스 브리지(Phineas Bresee)는 파사데나(Pasadena) 교회를 섬기고 있었다. 그러나 그는 소외 계층을 위해 일하라는 하나님의 부르심을 깨닫고 '고약한 사람들'에게 관심을 두는 교회를 시작했다. 그리고 예수님을 높이는 일과 사회를 변화시키는 일에 초점을 맞추는 나사렛교회(Church of the Nazarene)라는 한 교단의 창시자가 되었다.

이들은 믿음으로 사회를 변화시킨 사람들이다. 하나님을 사랑하는 사람들은 물러서지 않는다. 그들은 가난한 사람들과 도움이 필요한 사람들과 자신의 목소리를 높일 수 없는 사람들의 편에 서서 그들을 대변한다.

전문적으로 하나님을 섬기거나 사회의 활동무대에서 하나님의 증인이 되도록 부르심을 받았다면 그렇게 하십시오. 믿음이 당신의 삶을 변화시키고 당신이 속한 세상을 변화시키게 하십시오.

075

하나님의 일과표

사람이 마음으로 자기의 길을 계획할지라도 그의 걸음을 인도하시는 이는 여호와시니라 _ 잠 16:9

20세기 초 일과표를 짜는 일은 각 가정의 풍습이었다. 어떤 현명한 조언자가 한 자본가에게 하루를 체계화하는 간단한 방법으로 일과표에 대해 알려준 것이 일과표의 시작이었다고 한다. 그 자본가는 조언의 대가로 수천 달러를 지불했다. 오늘날에도 많은 사람이 일과표를 사용하여 하루를 체계화한다. 하루 일과를 메모지에 적거나 컴퓨터에 입력하거나 수첩에 깔끔하게 적어 넣거나 종이쪽지에 휘갈겨 써놓거나 하는 식이다. 때로는 각기 다른 분야마다 해야 할 일이 산적해 있을 때도 있다. 일과표는 최대의 효과를 거둘 수 있도록 시간을 나누어 쓰게 돕는다.

그러나 우리는 또 하나의 일과표를 유념해야 한다. 그것은 하나님의 일과표다. 잠언 16장 9절은 하나님이 실제로 우리 일과를 계획하신다는 것을 보여준다. 하나님께서는 그분의 나라를 위해 우리가 이루어야 할 좋은 것으로 그 일과표를 채우신다. 사실 우리는 앞으로 어떤 일이 일어날지 알지 못한다. 하나님의 계획이 무엇인지도 알지 못한다. 그러나 그렇다고 해서 그 계획이 없는 것은 아니다. 우리 삶 속에서 일어나는 일들을 궁극적으로 통제하는 분은 하나님이시다. 그러므로 우리의 계획 속에 하나님을 놓치면 안 된다.

하루 일과표가 어떻게 짜여졌는지를 잘 살펴보라. 그리고 그 일과표에 어떤 것을 추가해야 하는지를 하나님께 여쭤어보라. 그동안 피해왔던 일이나 찾아가야 할 사람들을 생각나게 해주실 수도 있다. 또는 가족과 함께하는 멋진 저녁식사를 준비하도록 격려해주실 수도 있다.

계획을 세우는 데 필요한 통찰력을 주시는 하나님을 신뢰하십시오. 계획을 세우는 데 하나님께서 간섭해주시기를 간구하십시오. 하나님을 우선시하십시오. 하나님이 원하시는 것은 바로 우리가 충만한 하루를 보내는 것입니다.

당신이 사랑하는 사람을 생각하면서 얼마나 많은 시간을 보내든,
그것은 하나님이 당신을 생각하면서 보내는
시간에 비하면 아무것도 아니다.

제4부

내 삶에
기쁨이 되는
묵상

076

누구든 겸손히 대하라

그런즉 선 줄로 생각하는 자는 넘어질까 조심하라_고전 10:12

루스가 사역에 대한 조언을 위해 목사 사모를 찾아가면서 교회 내 문제가 생겨났다. 루스는 목사 사모에 대한 비판과 각종 문제에 대한 해결방안이 열거된 법적 서류들을 만들었다. 목사의 아내는 말할 것도 없이 크게 당황했고 마음의 상처를 입었다. 그리고 실패자가 된 것 같은 기분을 느꼈다. 이후 루스와 자리를 함께하지 않으려 했고 오랫동안 그녀와 아무 말도 하지 않았다.

어느 날 루스의 아들이 자신이 살펴본 어머니의 몇 가지 태도에 대한 염려를 늘어놓았다. 아들이 지적했던 것 중 하나는 바로 루스가 목사의 아내를 비난했던 것과 똑같은 것이었다. 아들의 말은 그녀의 마음을 아프게 했다. 루스는 그제야 비로소 자신이 목사 아내에게 큰 상처를 주었다는 것을 깨달았다. 그래서 그녀를 위로하기 위해 찾아갔다. 곧 두 사람은 조언과 지혜와 격려를 나누며 서로 의지하는 가까운 친구가 되었다.

많은 이들이 자신에게 있는 문제에 대해 다른 사람을 비난하는 경향을 보인다. 자신이 좋은 사람이라고 확신하고 자랑스럽게 여겨진다면, 고린도전서 10장 12절을 되새기고 좀 겸손해지는 편이 좋을 것이다. 당신의 삶을 평가해보고 하나님이 당신 안에서 행하신 일들에 대한 공로를 스스로 취하고 있는 것은 아닌지를 점검해보라.

다른 사람에게 초점을 맞추고 있으면 곧 오래도록 후회하게 될 커다란 실수를 하게 되기 쉽습니다. 겸손히 다른 사람들을 인정하십시오. 그런 태도와 사고방식에 하나님이 복을 주실 것입니다.

077

하나님이 예비하신 탈출구

사람이 감당할 시험밖에는 너희가 당한 것이 없나니 오직 하나님
은 미쁘사 너희가 감당하지 못할 시험당함을 허락하지 아니하시
고 시험당할 즈음에 또한 피할 길을 내사 너희로 능히 감당하게
하시느니라 _고전 10:13

4세기경 고행의 인기가 최고조에 달했다. 당시 금욕주의자
들은 수면, 식사, 취침, 집과 같은 일반적인 안락함까지 거부하
면서 자신을 부인하는 사람들이었다. 그들은 유혹을 피하기 위
해 그렇게 해야 한다고 생각했다. 예를 들어 성 아셉시마스(Saint
Ascepsimas)는 유혹받기 쉬운 자신의 성향을 기억하기 위해 사슬
로 몸을 동이고 다녔다. 수도사였던 베사리온(Besarion) 형제는
잠을 자지 않기 위해 40년 동안 침상에 몸을 눕히지 않았다. 성
마론(Saint Maron)은 속이 패인 나무 속을 세상의 영향을 받지 않
는 안전한 곳으로 생각하며 그 속에서 살았다.

자기를 부인함으로 더 높은 영적 경지나 도덕적 상태에 이를

수 있다고 여기는 현대 금욕주의자의 이야기도 있다.

그러나 금욕한다고 해서 유혹에서 벗어나는 것은 아니다. 성경은 그보다 훨씬 더 나은 방법을 알려준다. 유혹을 다루기 위한 안내지침으로 두드러지는 성경구절이 있다면 그것은 고린도전서 10장 13절일 것이다. 누구나 유혹을 받고, 이를 피할 수 없다. 유혹이 있다는 사실을 인정하고 주변에 기도를 부탁하면 그들도 같은 문제에 직면하고 있음을 알게 될 것이다. 우리가 항복할 수밖에 없을 만큼 강력한 유혹은 받지 않을 거라 말씀하신 하나님의 약속을 우리는 믿어야 한다. 그러면 하나님께서 우리를 놀라운 탈출구로 인도하실 것이다. 유혹을 피해 달아나거나 유혹에 맞서기 위해 다른 무언가를 찾아내는 것은 둘 다 좋은 전략이다.

유혹에 항복하지 않아도 된다. 하나님의 도우심과 인도하심과 위로를 얻기 위해 그분을 향하도록, 하나님께서는 지금 이 순간도 우리를 격려하신다.

유혹이 올 때 하나님을 향하십시오. 그리고 하나님이 예비하신 탈출구를 보여주시도록 기도하십시오. 하나님이 그렇게 해주실 것입니다. 그러면 당신은 자유로워질 것입니다.

078

상 처 받 더 라 도 용 서 하 라

서로 친절하게 하며 불쌍히 여기며 서로 용서하기를 하나님이 그리스도 안에서 너희를 용서하심과 같이 하라 _엡 4:32

클라라 바턴(Clara Barton)은 남북전쟁 당시 부상당한 사람들을 치료했던 간호사와 의사로 구성된 적십자사를 창설했다. 클라라는 모든 사람을 향해 긍휼과 친절을 베풀고자 했다.

한번은 동료 간호사가 클라라에게 잘못을 범한 다른 동료 이야기를 꺼내며 그 사건에 대해 기억하고 있는지 물었다. 그러자 클라라는 이렇게 대답했다. "그 일에 대해 잊기로 했던 걸 확실하게 기억해."

친절한 마음과 긍휼은 모든 그리스도인이 지녀야 할 자질이다. 그런 자질은 우정과 진정한 관계를 누리는 데 도움이 된다. 가혹함과 경직된 거부가 다툼을 일으킬 때 친절이 어떻게 승리를 가

저다주었는지를 보여주는 사례가 많다. 때때로 저항하는 힘이 필요할 때도 있다. 그러나 친절과 긍휼은 주는 사람과 받는 사람 모두를 변화시킨다. 에베소서 4장 32절은 친절과 이해와 용서를 친구뿐 아니라 해를 가한 사람들에게도 베풀라고 말한다. 예수님은 우리의 죄를 그렇게 지셨고 다시는 그 문제를 거론하지 않겠다고 약속하셨다. 그리고 우리에게 상처를 준 다른 사람을 용서하기를 우리에게 기대하신다.

클라라 바턴은 우리가 간과해서는 안 될 용서의 두 번째 단계를 보여주었다. 그녀가 '그 일에 대해 잊기로' 했던 것을 기억하고 있는 것처럼 우리도 그렇게 해야 한다. 때로는 상처를 치유하는 데 상당한 시간이 걸리기도 한다. 상처를 다루는 한 방법은 그 상처를 자꾸 되새기지 않고 들추어내지 않기로 그저 다짐하는 것이다. 생각날 때마다 마음속에서 제거해버리는 것이다.

———

용서는 하나의 과정입니다. 상처를 받은 날, 상처를 준 사람을 용서하기는 쉽지 않습니다. 그러나 그 살붓이 마음속에서 부글부글 끓으면서 요동치려는 것을 저지하고 막아낸다면 결국 그 미움이 영원히 사라질 것입니다.

079
결 코 혼 자 가 아 니 다

돈을 사랑하지 말고 있는 바를 족한 줄로 알라 그가 친히 말씀하
시기를 내가 결코 너희를 버리지 아니하고 너희를 떠나지 아니하
리라 하셨느니라 _히 13:5

앨런과 비키는 재정이 넉넉했던 적이 없었다. 두 사람 다 경기
가 침체된 시기에 자랐다. 둘이 부부가 됐을 때 앨런은 전망 좋은
직장에서 일하고 있었다. 그러나 그는 청소년들을 영적으로 돕는
일을 해야겠다고 생각했다. 청소년을 돌보는 앨런의 사역이 점점
확장되면서 그는 청소년들과 함께하기 위해 다니던 직장을 그만
두었다.

앨런과 비키는 적은 금액이지만 수년 동안 모아둔 적금을 청소
년 사역에 쏟아부었다. 그리고 그 둘의 자녀를 학교에 보내기 위
해 작은 집을 임대 자산으로 사용했다. 그러면서 그들은 재정적
으로 갖고 있던 꿈들을 포기하였다. 비키는 늘 모피 코트 한 벌을

장만하고 싶어했지만 모직 코트만으로도 충분하게 여겼다. 앨런은 언제나 멋진 차를 몰고 싶어했지만 지인이 선물한 15년 된 캐딜락이 그가 소유했던 가장 좋은 차였다.

앨런과 비키는 희생하고 있다고 여기지 않았다. 그들은 청소년의 삶에 변화를 줄 수 있다는 사실에 기쁨을 느꼈다. 그들은 삶의 숭고한 비밀을 배웠다. 그들에게는 서로에 대한 사랑과 하나님과 나누는 교제가 돈이나 재물보다 훨씬 더 중요했다. 그들은 자녀와 손자들이 자신들을 본받는 것을 보고 기뻐했다.

세월이 흘러 앨런이 세상을 떠났지만 비키는 외롭지 않았다. 그녀는 하나님이 함께하신다는 사실과 그분이 모든 필요를 채워 주신다는 것을 잘 안다. 비키는 만족스러운 삶을 살고 있다. 때때로 모든 사람은 삶을 돌아보면서 정말 중요한 것이 무엇인지를 평가해보아야 한다. 비키의 삶의 태도는 모든 그리스도인이 따를 만한 본보기다.

넘쳐나는 광고는 사람들에게 돈과 물건을 축적해야 할 것처럼 압력을 가합니다. 그러나 우리가 이룰 수 있는 가장 큰 업적은 자족하는 것이며, 하나님과 다른 사람들과의 관계에 만족하는 것입니다.

080

하나님을 닮아가는 삶

그러므로 사랑을 받는 자녀같이 너희는 하나님을 본받는 자가 되고 _엡 5:1

1963년 케너 장난감 회사의 한 중역은 장난감업계가 남자 아이들을 위해서는 장난감을 꾸준히 개발하고 있지만 여자 아이들을 위해서는 그렇지 않는다는 사실을 깨달았다. 그래서 그는 주부들이 집안에서 쓰는 오븐과 비슷해 보이는 그리 비싸지 않은 오븐을 만들기로 했다. 그렇게 해서 '이지 베이크 오븐(Easy Bake Oven)'이 탄생하였다. 세월이 흐르면서 오븐의 모양이 바뀌는 동안 이지 베이크 오븐의 모양도 바뀌었고, 여자 아이들은 계속해서 자신의 어머니를 흉내 낼 수 있었다. 몇 년 후에는 작은 오븐을 위해 특별히 제조된 베티 크로커(Betty Crocker) 혼합 가루도 출시되었다.

케너 사가 어른이 사용하는 도구를 축소시킨 장난감 아이디어를 처음 생각해낸 것은 아니었다. 농기구와 주방도구들을 본떠 만든 장난감, 어른들의 자질구레한 소지품을 작게 만든 물건들을 전시하는 박물관이 많다.

아이들은 대부분 자기 부모나 어른들을 흉내 낸다. 유치원생과 초등학생 주변을 떠나지 않는 장난감 중 하나는 부모와 교사의 말, 행동, 태도를 관찰하고 모방하도록 만들어진 것이다. 아이들이 부모와 똑같은 사람으로 자라나는 것을 바라보는 것은 매우 흥미로운 일이다.

그것이 에베소서 5장 1절에서 사도 바울이 보여주는 실례다. 사도 바울은 하나님의 자녀들에게 하나님을 본받으라고 권면한다. 하나님이 행하시는 것처럼 행하고, 하나님이 말씀하시는 것과 같은 말을 하며, 하나님이 생각하시는 것처럼 생각하라고 말한다. 즉 모든 면에서 하나님처럼 되라는 것이다.

당신을 만나는 사람들이 당신을 통해 하나님 아버지를 어렴풋이 볼 수 있을 만큼, 하나님의 성령이 당신 속에 깊이 배어들 수 있기를 위해 기도하십시오. 하나님을 충분히 닮을 수 있도록…

081

순전한 믿음의 사람

음행과 온갖 더러운 것과 탐욕은 너희 중에서 그 이름조차도 부르지 말라 이는 성도에게 마땅한 바니라 _ 엡 5 : 3

조지아는 귀에 거슬리거나 음탕한 농담을 단 한 번도 한 적이 없다. 유머감각이 없어서 그런 것이 아니다. 그녀에게는 훌륭한 유머감각이 있다. 그리고 남편 앞에서 내숭 떨기 위함도 아니다. 그들 부부는 서로 깊이 사랑하며, 노년에 접어들어서도 여전히 누리고 있는 육체적인 즐거움에 대해 정직하게 이야기한다. 또 조지아가 시대에 뒤떨어진 사람이어서 그런 것도 아니다. 그녀는 평생 10대 청소년과 함께 일해왔고 여전히 최신 유행에 정통하다. 그녀는 미숙하지 않다. 그저 순전할 뿐이다.

성경은 '말'과 '행동'을 통해 하나님을 반영해야 한다고 가르치고 있다. 조지아는 언행을 통해 자신의 삶이 타인에게 그대로 드러난다는 중요한 교훈을 일찍 터득했다. 그녀는 자기 마음과 삶 속에 좋은 것들을 담아 넣었다. 그 결과 주변 사람의 존경을 얻게 되었다. 그녀는 사람들의 삶에, 심지어는 지역사회에까지 변화를 일으켰다. 조지아가 말을 하면 누구든 귀를 기울였다. 깊은 생각 후에 나오는 그녀의 솔직한 말은 가히 존경받을 만한 것이었기 때문이다.

순전한 생각과 흠 없는 마음과 깨끗한 혀에는 힘이 있다. 물론 극단적 낙천주의자처럼 살아야 한다는 것은 아니다. 그러나 우리 마음과 생각 속에 무엇을 담을 것인지 훈련할 수는 있다. 하나님을 영화롭게 하는 것들을 우리 삶 속에 담을 때 순전함이 빛을 발하며 드러나게 될 것이다.

―――

하나님의 거룩하심과 순전하심을 주변에 반영할 수 있는 방법을 보여달라고 기도하십시오. 순전하게 말하고 행동하고 생각하는 일에 노력을 기울이십시오.

선 한 말 로 은 혜 를 끼 치 라

무릇 더러운 말은 너희 입 밖에도 내지 말고 오직 덕을 세우는 데
소용되는 대로 선한 말을 하여 듣는 자들에게 은혜를 끼치게 하라
_엡 4:29

자연 속에서 볼 수 있는 신기한 것 중 하나가 바로 달팽이의 혀
다. 필요할 때 외엔 늘 말려 있는, 리본처럼 긴 달팽이의 혀에는 이
빨 모양의 돌기가 3만 개 이상 나 있다. 달팽이는 그 돌기를 사용
하여 나뭇잎과 줄기를 갉아먹는다.

달팽이처럼 인간의 혀에도 돌기가 나 있다. 비유적으로 말하자
면 그렇다는 것이다. 그러나 부정적으로 생각할 필요는 없다. 달
팽이가 좋은 일, 즉 잎을 갉아먹고 영양분을 취하는 데 그 돌기를
사용하듯이 우리도 혀에 있는 힘을 사용해서 다른 사람을 도울
수 있다.

불평하거나 비난하지 마라. 그 대신 격려하고 나눠주고 교훈으

로 말의 효력을 강화하라. 빛과 생명과 사랑의 말을 하라.

에베소서 4장 29절은 하나님을 기쁘시게 하려면 혀를 어떻게 사용해야 하는지를 보여준다. 필요한 때에 선한 말을 하라. 주변에 마음이 상하고 깨진 사람이 있는가? 소망을 전하라. 고민하고 염려하는 친구가 있는가? 그 영혼 속에서 고통을 제할 수 있는 말을 찾아내라. 섣부르게 위로하지 마라. 서툴더라도 진심을 담아 말하라. 그런 말을 할 때, 사람들이 가까이 다가와 당신의 지혜와 이야기와 생각과 관심사에 기꺼이 귀를 기울일 것이다.

"말하기 전에 먼저 생각하라"는 오래된 격언이 있습니다. 말하기 전에 어떻게 하면 다른 사람들을 세워줄 수 있는지를 잠시 먼저 생각해 보십시오. 당신이 하는 선한 말의 효력을 강화하십시오.

083

영적인 싸움에서 승리하라

우리의 씨름은 혈과 육을 상대하는 것이 아니요 통치자들과 권세들과 이 어둠의 세상 주관자들과 하늘에 있는 악의 영들을 상대함이라 _엡 6:12

프랜은 때때로 낙심한다. 일간 신문을 읽으면서 종종 마음이 무거워지는 것을 느낀다. 불륜을 조장하는 사람들이나 종교적 표현을 억압하는 사람들에 맞서 무언가 하고 싶지만 잘 모르는 사람들과 대립하는 것을 좋아하지 않는다.

에베소서 6장 12절은 다른 세상의 이야기를 하고 있다. 우리와 '그들'의 대결이 아니라 하나님의 사람인 우리와 천사, 하나님이 한 편이 되어 하나님의 원수인 마귀, 타락한 천사, 사탄과 대결하는 것이다. 우리는 혼자가 아니다. 우리만의 싸움도 아니다. 온 세상이 다 맞물려 있는 전쟁이다. 그리고 하나님은 우리 편에 계신다. 에베소서 6장 12절의 렌즈를 통해 보면 세상을 바라보는 관점이 달라질 것이다. 우리가 싸워야 할 상대는 세상 사람들이 아니라 그들을 볼모로 이용하는 이 세상 너머의 세력이다.

이 세상이 악하다고 느낄 때 다른 사람들에 맞서 싸워야 하는 것이 아니다. 부도덕한 삶을 살면서도 괜찮다고 생각하는 사람들은 우리의 원수가 아니다. 우리를 둘러싼 모든 영적 영역에서 전쟁이 벌어지고 있는 것이다. 세상을 채우고 있는 유혹과 속임수와 사기는 영적인 영역에서 오는 것이다. 기도하거나 봉사하거나 다른 사람들에게 하나님이 그들을 사랑하신다는 좋은 소식을 이야기할 때, 우리는 이 세상에서 맞서야 하는 다른 것뿐 아니라 그런 악한 세력에 맞서 싸우고 있는 것이다.

진짜 싸움은 영적인 영역에서 벌어집니다. 그때는 하나님의 영적 무기인 진실함과 의로움, 화평하게 하는 능력으로 싸워야 합니다. 하나님의 영적 무기를 사용하십시오. 하나님과 함께 승리를 거둘 것입니다.

081

모든 것을 아시는 하나님

우리 주는 위대하시며 능력이 많으시며 그의 지혜가 무궁하시도
다 _시 147:5

친구, 엄마(또는 아빠), 하나님에게는 공통점이 있다. '나'를 잘
이해한다는 것이다. 좋은 친구를 생각해보라. 아마도 그 친구와
오랜 시간을 함께 보내며 많은 경험을 했을 것이다. 그래서 서로
잘 알고 이해할 것이다. 대화하면 할수록 상대방의 시각을 그만
큼 더 이해하고 상대방이 그런 시각을 갖게 된 배경을 알 수 있게
된다. 친구의 선택과 결정에 늘 동의하지는 못할 것이다. 그렇지
만 친구가 그런 선택을 하게 된 배경과 이유는 이해할 수 있을 것
이다.

자녀들과도 마찬가지다. 아이들을 움직이게 만드는 것이 무엇
인지, 또 동기를 부여해주는 것이 무엇인지 알아보기 위해 면밀

히 지켜보면 좀 더 잘 이해하게 될 것이다. 예를 들어 아이가 침대 밑 괴물이나 어둠 속 귀신이 있을 거라 여겨 무서워하는 것을 알게 되면, 아이가 왜 혼자 잠들기 싫어하는지를 이해하고 좀 더 인내할 수 있을 것이다.

하나님과의 교제를 통해 누릴 수 있는 가장 영광스러운 일 중의 하나는 하나님이 우리의 가장 깊은 열망과 소망을 아신다는 사실을 깨닫는 것이다. 하나님은 우리가 받고 있는 유혹을 아신다. 그리고 우리가 얼마나 노력하는지도 아신다. 하나님은 우리에 대한 모든 것을 다 아시고 우리를 전적으로 사랑하신다. 그렇기 때문에 우리는 하나님을 신뢰하고 언제든지 하나님을 향해 나아갈 수 있다.

기쁠 때나 어려울 때나 하나님을 향해 나아가기를 주저하지 마십시오. 하나님은 우리 마음의 동기와 노력과 믿음을 모두 다 아십니다.

085

참 기쁨을 누리자

주 안에서 항상 기뻐하라 내가 다시 말하노니 기뻐하라 _ 빌 4:4

앤디는 사무실 창문으로 파랑새들이 작은 새집에 깃들어 있는 모습을 바라보고 있었다. "하나님, 감사합니다"라고 속삭이는 앤디의 얼굴에는 미소가 떠올랐다. 잠시 후 서류를 정리하는데 그녀는 자신도 모르게 라디오에서 들은 노래를 흥얼거렸다. 흥얼거리는 동안 형언할 수 없는 기쁨이 차올랐다. 앤디는 느닷없이 책상에 엎드려 기도했다. "하나님, 당신은 선하신 분입니다. 매일 내려주시는 모든 은총에 감사를 드립니다. 어디에서나 '할렐루야'라고 외치고 싶은 심정입니다."

지난 몇 달 동안 앤디에게 주님 안에서 기뻐하는 새로운 버릇이 생겼다. 그것은 수많은 사람이 사도 바울을 공격하고 상처 주고 불평하고 비난하는 때에 나온 위대한 진리인 빌립보서 4장 4절로 인한 것이다.

헤아려보면 하나님 안에서 기뻐할 수 있는 것이 많다. 지니고 있는 감각에 대해 생각해보라. 보고 듣고 느끼고 맛보고 냄새를 맡을 수 있다. 얼마나 놀라운 기적인가! 이런 감각들은 우리가 기뻐할 수 있는 놀라운 것들이다. 가정과 직장과 나라를 생각해보라. 우리가 그러한 선물들을 즐거워할 때 하나님도 기뻐하신다.

하나님께서는 우리가 주 안에서 기뻐하길 원하신다. 처음에는 약간의 노력과 생각과 반성이 필요하다. 하지만 기뻐하고 생각하고 찬양하는 일에 좀 더 익숙해지면 더 자유롭고 더 자연스러워질 것이다.

누군가의 배려와 사랑과 관심과 선물을 기뻐하는 것보다 더 자연스러운 것은 아마 없을 것입니다. 하나님이 주신 것에 감사하며, 감사하는 마음을 하나님께 고백하십시오. 하나님과 당신의 마음이 동시에 유쾌해질 것입니다.

086
믿음과 행동의 조화

믿음이 그의 행함과 함께 일하고 행함으로 믿음이 온전하게 되었
느니라_약 2:22

야고보서 2장 22절을 이해하기 위해 씨름하는 사람들이 많
다. 옳은 것을 믿는 것이 가장 중요한가? 아니면 옳은 것을 행하
는 것이 가장 중요한가?

믿음은 분명히 중요하다. 하나님을 신뢰하는 것, 하나님과 관
계 맺고 친밀한 교제를 나누는 것은 매우 중요하다. 선을 행하는
것은 하나님을 믿는 것과 무슨 관계가 있을까? 선을 행하는 것이
가장 중요하다고 생각하는 사람들이 있는 반면, 믿음이 가장 중
요하다도 생각하는 사람들도 있다.

행함 역시 중요하다. 누군가에게 한 행동은 그 사람에게 상처
를 줄 수 있다. 그러나 믿음은 그저 의견 차이로 끝날 수 있다. 하

나님은 모든 사람이 서로 정당하게 대하고 옳은 일을 행하길 원하신다. 홀로 사는 어르신이 병원에 갈 수 있도록 돕고, 바빠서 어찌할 바를 모르는 어머니를 위해 아기를 돌봐주고, 직장에서 동료를 격려해주는 것과 같이 실제적으로 서로 도우며 살기를 원하신다.

야고보서에 나오는 이 구절은 믿음과 행함이 서로 조화를 이루어야 한다는 사실을 잘 보여준다. 믿음은, 옳고 도움이 되는 일을 하고자 하는 마음과 삶을 불러온다. 믿음이 앞선다. 그러나 곧바로 하나님을 사랑하는 사람의 선한 성품과 생각과 말과 행동이 뒤따른다. 둘 중 하나가 없으면 다른 하나도 있을 수 없다. 진실로 믿을 때 우리 삶은 달라진다. 하나님은 우리가 겸손하고 경건하고 삶을 바로 세우고 타인을 존중하는 사람이 되도록, 우리 마음속에서 지금도 일하고 계신다.

믿음은, 마음과 입술과 손발이 모든 사람을 위해 선을 행할 때 성숙하고 완전해집니다. 우리가 그런 삶을 살아갈 때 하나님 보시기에 우리는 정말로 '믿음의 사람'이 될 것입니다.

087

죄에서 벗어나 자유를 누리자

동이 서에서 먼 것같이 우리의 죄과를 우리에게서 멀리 옮기셨으
며 _ 시 103:12

사람은 누구나 다 잘못을 범한다. 회개와 관련하여 가장 고약
한 장애물은 바로 인간의 기억력이다. 자신이 잘못에 대해 하나
님과 다른 사람들에게 용서를 구한 후에도 그에 대한 기억이 오
랫동안 남아 있다. 계속 다시 떠오르고 또 떠오르면서 기쁨과 확
신을 산산이 부순다. 하나님은 우리가 죄를 범한 것에 대해서는
용서를 구하고, 죄에서 돌이켜 옳은 일을 하기 바라신다. 하나님
을 사랑하는 사람이 죄책감과 수치심을 영원히 짊어지고 살아가
는 것은 결코 원하시지 않는다.

실제로 시편 103편 12절은, 우리가 잘못한 것을 고하고 용서
를 구하면 하나님께서는 우리의 죄를 쌓아두시지 않는다고 증언

한다. 하나님은 쌓아두는 대신 그 죄들을 남김없이 제거하신다. 동이 서에서 먼 것처럼 그렇게 가능한 한 멀리, 다시 말해서 영원히 없애버리신다.

유대인 강제 수용소에서 살아남은 코리 텐 붐(Corrie ten Boom)은 "사람들이 죄에 대한 용서를 구할 때 하나님은 그 죄를 다시는 건져낼 수 없는 깊은 물속에 던져버리신다. 그리고 그곳에 '낚시 금지'라고 쓴 표지판을 세우신다"라고 말했다.

하나님께서는 이미 용서하신 죄를 다시 끄집어내시지 않는다. 그리고 우리가 범한 죄에 대한 대가를 다시 지불하게 만드시지도 않는다. 예수님이 십자가에서 돌아가신 것은 우리가 범한(그리고 범할) 모든 잘못된 말과 생각과 행동으로부터 우리를 자유롭게 해주시기 위함이었다.

과거에 범한 죄와 실수들에 대한 기억이 당신을 자꾸 괴롭힌다면 하나님이 하신 일을 기억하기 위해 '낚시 금지'라고 쓴 표지판을 만드십시오. 그리고 죄책감에서 벗어나 자유로운 삶을 누리며 살아가십시오.

성 령 과 동 행 하 는 것

내가 이르노니 너희는 성령을 따라 행하라 그리하면 육체의 욕심을 이루지 아니하리라 _갈 5:16

친한 친구와 오랜 시간 함께 산책하면 어떤 일이 일어나는가? 당신이 이야기를 하면 친구가 반응을 보인다. 한 사람이 어떤 주제를 거론하면 두 사람이 함께 논의한다. '함께 걷는다'는 것은 이야기하고 생각하고 반응하고 질문하고 답하면서 함께하고 있다는 사실에 즐거움을 느끼는 것을 뜻한다. 산책하다 마주치는 사람들에게 인사를 건넬 수도 있다. 그리고 그들과 가볍게 담소를 나눌 수도 있다. 친구와 함께 걷는다는 것은 어딘가를 향해 가고 있다는 것뿐 아니라 그곳까지 가는 과정을 함께한다는 것을 의미한다. 그 과정이 중요하고 기꺼운 것이다.

성경은 살아가는 것을 종종 걷는 것에 비유한다. 살아가면서 하나님의 성령이 함께하시며 위로하시고 조언해주시고 격려해주시고, 잘못된 생각이나 태도를 지적해주시는 것을 깨닫게 될 것이다. 가장 친한 친구와도 같은 성령 하나님은, 우리가 그분을 즐거워하면서 매일 그리고 온종일 그분을 환영하는 것을 배우길 바라신다.

갈라디아서에 나오는 이 구절은 우리가 성령을 따른다면 성령께서 늘 옳은 일을 하고 잘못된 일을 하지 않도록 우리를 이끄실 것이라는 중요한 진리를 가르쳐준다. 성경이 가르치는 것처럼 그것은 성령께서 우리 삶 속에 실제적이고 활동적으로 관여하신다는 것을 말해준다. 성령과 함께할 때 우리는 자연스럽게 잘못된 것에서 돌아서서 선한 일을 하게 될 것이다.

———

성령과 동행하는 것은 어려운 일이 아닙니다. 성령님을 체험하게 해달라고 구하십시오. 그리고 성령께서 말씀하시고 인도하시고 격려하시며, 잘못된 길로 접어들면 그 사실을 지적해주실 것을 기대하십시오.

089

모 든 필 요 를 채 워 주 시 는 하 나 님

내가 어려서부터 늙기까지 의인이 버림을 당하거나 그의 자손이
걸식함을 보지 못하였도다 _시 37:25

캘커타에서 열린 어느 선교 총회에서, 한 인도 여성이 많은 사
람 앞에 서서 몇 개 남지 않은 손가락을 펼쳐보였다. 그녀의 몸은
문둥병으로 문드러져 있었기 때문에 그녀를 바라보는 것조차 힘
겨워하는 사람들이 많았다. 그러나 그녀의 얼굴에서는 빛이 났
다. 그녀는 이렇게 고백했다.

"제게 주신 이 문둥병을 인하여 하나님께 감사 드립니다. 전 이
문둥병 때문에 하나님을 알게 되었습니다. 이 고통 때문에 하나
님께 다가갔고 하나님의 사랑과 선하심을 깨달으면서 하나님을
믿게 되었습니다. 그 이후 한 번도 목마름이나 굶주림을 느끼지
않았습니다. 그리고 저는 가장 깊은 필요에 응답하시는 하나님을

더 많은 사람이 체험할 수 있도록 도우며 살 수 있었습니다."

그리고 그녀는 시편 37편 25절을 인용하면서 그 말씀이 자신의 삶 속에서 그대로 입증되었다고 말했다.

하나님은 때때로 우리를 당신 가까이 이끄시기 위해 우리의 환경을 조성하시는데 그 환경은 좋은 것일 수도 있고 그렇지 않을 수도 있다. 때로 우리에게 부족함이 있는 것은 우리가 도움을 구하길 하나님이 바라시기 때문이다. 하나님이 응답하실 때 하나님은 영광 받으시고 우리 믿음은 바로 설 것이다.

시편의 이 구절은, 하나님은 자녀들이 구걸하도록 결코 내버려 두시지 않는다는 사실을 보여준다. 언제나 우리 필요에 응답하시고 하나님의 때에 그 필요를 채워주실 것이다.

이 구절은 우리가 하나님을 위해 살아갈 때 하나님이 우리를 책임지고 돌보시리라는 사실을 상기시켜주기 때문에 매우 중요하다. 하나님이 감정적·물질적으로 우리를 돌보실 것이다. 그리고 우리와 우리 자녀들을 돌봐주실 것이다.

삶을 진지하게 돌아보십시오. 아마도 매일 새로운 필요들이 생길 것입니다. 그 필요를 해결하시는 하나님을 바라보십시오. 하나님이 어떻게 모든 것을 공급해주시는지 세상 사람들에게 이야기할 수 있을 것입니다.

090

기 쁨 을 얻 게 하 는 고 통

또 여자에게 이르시되 내가 네게 임신하는 고통을 크게 더하리니
네가 수고하고 자식을 낳을 것이며 너는 남편을 원하고 남편은 너
를 다스릴 것이니라 _창 3:16

에덴동산에서 아담과 하와가 죄를 범했을 때 하나님은 인간에
게 저주를 내리셨다. 그 저주는 인류에게 여러 문제를 불러왔다.
여자는 출산의 고통을 겪게 되었고 남자는 먹을 것을 얻기 위해
잡초나 엉겅퀴와 싸워야 하는 고통을 겪게 되었다. 오늘날까지도
사람들은 그 저주의 결과를 경험하고 있다.

자녀를 출산하는 일은 대단히 고통스러운 일이다. 그리고 많은
이들이 먹고살기 위해 일하면서 성취감을 느끼지 못하거나 자기
일의 가치를 느끼지 못해 괴로워한다.

해결책은 무엇인가? 이 구절은 하와가 자녀들로 인해 느끼게
될 고통에 대한 중요한 답을 제시한다. 그것은 마치 하나님이 왼

손으로 취해가신 것을 오른손으로 되돌려주시는 것과 같다. 저주를 내리면서도 하나님은 놀라운 약속을 함께 주셨다. 그것은 여전히 자녀들을 갖게 될 것이라는 약속이었다. 또한 여전히 남편과 사랑을 나누며 육체적인 즐거움도 누리게 될 것이라는 약속이었다. 하나님은 끔찍한 저주를 내리실 때에도 그 저주를 능가하는 엄청난 복을 베풀어주신다.

하나님은 하와에게 말씀하시며 저주 가운데서도 놀라운 복이 있을 것이라고 약속하셨다. 자녀를 출산해본 경험이 있는 모든 여성은 하나님이 내리신 저주의 의미를 알고 있다. 소망이 없는 출산을 하게 하신 것이 아니다. 아기가 태어나면 기쁨을 얻게 된다. 그리고 출산의 고통은 잊혀진다. 큰 기쁨은 고통을 상쇄한다.

———

타락한 세상에서 피할 수 없는 고통을 느껴야 할 때마다, 비록 힘든 길을 가야 할지라도 하나님이 그 길을 잘 지날 수 있게 해주실 것이라는 사실을 기억하십시오.

091

덜 익은 빵 같은 사람

에브라임이 여러 민족 가운데에 혼합되니 그는 곧 뒤집지 않은 전
병이로다 _호 7:8

빵의 유래를 정확히 아는 사람은 아무도 없을 것이다. 하지만
초기 문명사회에서도 곡식가루와 물을 섞어 기본적인 형태의 빵
을 만들 줄 알았다. 세월이 흐르면서 사람들은 달걀과 베이킹파
우더 같은 재료가 빵을 부드럽게 해준다는 것을 알게 되었다. 지
금은 온갖 재료와 장식이 추가된, 여러 곡류로 갖가지 빵을 만들
고 있다.

패티는 자기 어머니가 만들어주던 초콜릿 칩이 들어 있는 빵에
대해 이야기했다. "반죽에 초콜릿 칩을 섞은 다음 팬에 부었어요.
나는 그 빵을 무척 좋아했지요. 한번은 빵이 다 구워진 것처럼 보
였는데 잘라보니 안에서 익지 않은 반죽이 줄줄 흘러나왔죠. 그

날 그 빵은 어쩔 수 없이 버려야 했어요."

덜 익은 빵은 맛이 없을 뿐 아니라 살모넬라균이 들어 있다. 더구나 덜 익은 빵을 다시 오븐에 넣어 굽는다고 해도 문제는 해결되지 않는다. 안쪽을 익히려고 열을 가하는 동안 바깥쪽이 질겨지기 때문이다. 덜 익은 빵은 그냥 버리는 것 외에 별다른 방법이 없다.

덜 익은 빵은, 호세아가 영적으로 서로 다른 두 세계 사이에서 살아가려는 사람들이 안고 있는 심각한 문제를 언급하면서 예로 든 것이다. 그런 사람은 하나님을 따르는 사람으로서 살아가고 싶어 하지도 않고, 하나님을 따르지 않는 사람처럼 살아가고 싶어 하지도 않는다. 그 결과 그 사람은 그 어느 곳에도 적합하지 않는, 덜 익은 빵처럼 쓸모가 없게 된다.

전심으로 하나님을 섬기십시오. 하나님을 전적으로 신뢰하고 매일 하나님을 더 잘 섬길 수 있는 방법들을 모색하십시오.

092

권능의 하나님

나는 여호와요 모든 육체의 하나님이라 내게 할 수 없는 일이 있
겠느냐 _렘 32:27

어린 사라에게 엄마는 무엇이든 다 해내는 존재였다. 한번은
팔이 빠진 인형을 엄마에게 가져갔는데 엄마는 인형의 팔을 뚝
딱 고쳐주었다. 학교에 다니면서 처음 배운 산수를 어려워하자
엄마는 사라를 데리고 앉아 몇 시간씩 문제풀이를 가르쳐주었
다. 현재 사라는 수학 전문가다. 고등학교와 대학을 다니는 동안
에도 엄마는 남자친구와의 문제와 작문, 축구, 그밖의 갖가지 문
제를 해결해주었다. 엄마는 무엇이든 할 수 있었다.

물론 엄마가 할 수 없는 것도 꽤 많았다. 어려운 결혼생활의 문
제를 해결할 수 없었고 딸과 늘 함께 있어 줄 수 없었다. 또 사라
의 아이가 갖고 태어난 장애를 없애줄 수도 없었다. 죽음이나 심

각한 질병의 문제도 해결할 수 없었다. 그럼에도 엄마는 언제나 사라의 든든한 지원군이었다.

여기 엄마 못지않게 사라를 도와줄 수 있으며 어떤 엄마보다 강하고 훨씬 더 위대한 분이 있다. 그분은 바로 하나님이시다. 사라는 살아가면서 부딪히는 어려운 일들을 다룰 수 있는 힘과 용기와 지혜를 얻기 위해 하나님 아버지를 의지하면 된다.

때때로 절망적인 상황에 부딪힐 수도 있고 극복할 수 없을 것처럼 보이는 상황에 직면할 수도 있다. 그래서 기쁨을 잃어버릴 수도 있다. 그러나 그렇다고 해서 혼자가 되는 것은 아니다. 또 그런 상황이 영원히 지속되는 것도 아니다. 하나님께는 능치 못한 일이 없다. 무엇이든 하실 수 있다. 하나님의 거룩하심과 의로우심에 어긋나지 않는 한, 무엇이든 하실 수 있다. 또한 그분은 우리와 늘 함께하신다.

하나님은 근원적인 해결사이십니다. 그러나 하루 만에 모든 것을 다 해결해주시지는 않습니다. 때로는 평생 해결해주시지 않는 경우도 있습니다. 그래도 당신이 염려하는 일에 대한 해결책을 찾기 위해 하나님을 바라보십시오. 하나님께서 응답하실 것입니다.

093

하 나 님 께 부 르 짖 으 라

너는 내게 부르짖으라 내가 네게 응답하겠고 네가 알지 못하는 크
고 은밀한 일을 네게 보이리라 _렘 33:3

누구나 초대받는 것을 좋아한다. "식사와 다과를 준비했으니 모두 오세요." "시간 나면 전화 주세요. 당신과 얘기하고 싶어서 그래요." 이런 초대는 언제나 환영받는다. 초대는 초대받는 사람을 특별한 사람, 중요한 사람, 소중한 사람으로 만들어준다.

그렇다면 하나님의 초대는 어떤가? 하나님의 보좌가 있는 방으로 초대받는다면? 하나님의 발 앞에 앉아 그 상석에서 무언가를 마실 수 있다면? 하나님의 초대가 예레미야 33장 안에 있다. 하나님은 시대를 초월하여 우리를 초대하신다. 하나님은 우리에게 하나님 앞에 나아와 하나님과 함께 시간을 보내며 이야기하고 대화하고 듣고 배우라고 사실상 명령하신다. 하나님과 단둘

이서 시간을 보내자고 우리 한 명 한 명을 초대하신다. 이 구절은 특별한 몇 사람만을 위한 것이 아니다. 왕족이나 귀족에게 써서 보낸 것도 아니다. 하나님은 우리의 삶을 행복하고 만족스러운 삶으로 만들어주고자 하신다.

생각해보라. 하나님에게 전화하면 자동 응답기가 대신 받거나 통화 대기음을 듣게 되는 일이 결코 없다. "지금은 좀 바쁘니까 나중에 다시 전화하세요"라는 말이나 "지금 중요한 문제를 다루고 있거든요. 일단 끊을게요"라는 말을 듣게 되는 일은 절대로 없을 것이다. 하나님은 언제나 우리를 위해 준비하고 계신다. 우리의 전화를 받으실 뿐 아니라 우리를 찾아오신다. 그리고 하나님의 진짜 마음까지도 알 수 있게 해주신다. 하나님은 대답하실 뿐 아니라 한 걸음 더 나아가 다른 것에 대해, 더 크고 비밀한 것에 대해, 우리가 알지 못하는 새로운 통찰력에 대해 말씀해주실 것이다. 우리가 알고 싶어 하는 이야기를 잔뜩 들려주실 것이다.

———

오늘 하나님께 부르짖으십시오. 질문하십시오. 어떤 질문이라도 괜찮습니다. 염려하는 것에 대해 말씀드리십시오. 하나님이 지금 당신을 초대하십니다. 그리고 그 초대는 영구적인 것입니다.

094

두려워하지 말라

여호와께서 너를 실족하지 아니하게 하시며 너를 지키시는 이가
졸지 아니하시리로다 이스라엘을 지키시는 이는 졸지도 아니하
시고 주무시지도 아니하시리로다 _시 121:3~4

이상한 소리에 자다 깬 적이 있는가? 침대에 앉아 귀를 기울였
을 것이다. 불을 켜고 그 소리가 계속 나는지를 점검했을 것이다.
집 안에 있어서는 안 될 사람을 대비해 야구 방망이나 다른 무기
를 손에 든 적도 있을지 모른다. 그러다가 진짜 범인이 이웃집 고
양이거나 마당에서 구르는 돌멩이임을 발견하곤 안도의 웃음을
터뜨렸을 것이다.

옛날 이스라엘 사람들은 하나님이 결코 주무시지 않는다는 사
실에 큰 위안을 얻었다. 그리고 그것은 오늘날에도 마찬가지다.
하나님이 우리를 지키신다. 약탈자나 도둑, 강도나 공격을 가하는
사람들을 두려워할 필요가 없다. 왜냐하면 하나님이 지키시기 때

문이다. 우리는 밤새 안전할 것이다. 하나님이 물을 마시기 위해 자리를 비우거나 주무시는 일은 결코 없을 것이다. 이 사실을 알기 때문에 우리는 하나님께 우리 자신을 맡길 수 있다.

보안을 위해 경보 시스템이나 경비견이나 다른 도구를 사용하는 요즘, 우리가 잠든 사이에 무슨 일이 벌어질지도 모른다고 생각하며 두려워하는 일은 거의 없다.

세상에서 일어나는 무시무시한 일들에도, 하나님을 사랑하는 우리는 안전하다고 느낄 수 있다. 결코 방심하시지 않는 하나님 안에서 안심할 수 있다. 위험한 바위 위에서 미끄러지는 일이 없도록 하나님이 우리 발걸음을 지켜주실 것이다.

———

밤이 두렵게 느껴진다면 하나님이 언제나 지키고 보호하시며, 하늘 본향까지 안전하게 이끄실 것이라는 중요한 진리를 되새기십시오. 다시 용기를 내십시오.

095

새 힘을 주는 기도

내 눈을 열어서 주의 율법에서 놀라운 것을 보게 하소서
_시 119:18

베스는 성탄절을 가족과 함께 보내기 위해 고향 집을 향해 차를 몰았다. 장시간 운전하면서 라디오에도 싫증 난 그녀는 그저 얼른 집에 도착할 수 있기만을 바랐다. 성탄절 아침까지는 가겠다고 약속했기에 차를 멈출 수도 없었다.

그러다 집중력이 떨어져 운전하기 힘들어진 베스는 하나님께 어떻게 해야 하는지를 여쭈었다. 그런데 하나님이 성경 한 구절을 묵상하라고 말씀하시는 것 같았다. 베스는 마음속으로 마리아와 요셉이 마구간에서 아기 예수를 출산하는 성탄절 이야기를 생각해보았다. 그녀는 그 이야기에 나오는 일곱 구절을 다 외웠다(눅 2:4~10).

운전하면서 그 구절들을 되새기는 동안 문득 어떤 생각이 떠올랐다. 임신 9개월이 된 마리아를 나귀에 태우고 먼 길을 간다는 것은 매우 위험한 일이었을 것이다. 베스는, 메시아가 태어날 곳이라고 선지자들이 예언했던 베들레헴으로 가는 마리아와 요셉을 상상했다. 그런데 그때 '그곳이 마구간이 되리라고 어느 누가 상상이나 했을까' 싶었다. 누가는 마구간에 대해 아무 설명도 하지 않았다. 마리아가 아기 예수를 눕힌 곳은 구유였다. 구유는 소와 나귀의 먹이통이니 마구간이라고 추정하는 것이다. 그러나 사실은 전혀 다른 곳일지도 모른다. 그런 생각들을 하는 동안 베스는 흥분했다. 그리고 그 어느 때보다 정신이 번쩍 들면서 졸음이 달아났다.

성경을 읽으면서 때때로 무덤덤해지는가? 성경을 읽는 동안 하나님이 당신에게 말씀하실 것이다. 성경읽기나 성경공부가 시들해지면, 전에는 생각해보지 못했던 새로운 통찰력을 달라고 간구하라. 성경에 대한 이해를 높여달라고 간구하라. 그러면 하나님이 그렇게 이끄실 것이다.

———

성경공부 시간이 따분해지거나 시간낭비로 생각되거나 무의미해지는 것을 하나님은 원하시지 않습니다. 영적인 새 힘과 통찰력을 달라고 하나님께 구하십시오. 하나님을 바라보십시오. 그러한 영적인 복을 주시기로 하나님은 이미 약속하셨습니다.

096

하나님이 삶에 개입하실 때

이는 너를 지으신 이가 네 남편이시라 그의 이름은 만군의 여호와
이시며 네 구속자는 이스라엘의 거룩한 이시라 그는 온 땅의 하나
님이라 일컬음을 받으실 것이라 여호와께서 너를 부르시되 마치
버림을 받아 마음에 근심하는 아내 곧 어릴 때에 아내가 되었다가
버림을 받은 자에게 함과 같이 하실 것임이라 네 하나님께서 말씀
하셨느니라 _ 사 54:5~6

지난 몇십 년 동안에 나타난 가장 큰 변화 중 하나는 가정에
대한 개념이다. 옛날에는 남편과 아내와 아이들이 한 가정을 이
루는 것이 보통이었다. 예외적인 경우가 있긴 했지만 대체로 그랬
다. 미국 인구 조사국이 발표한 보고 자료에 따르면 미국 내에서
편부모 가정이 전체 가정의 절반 이상을 차지하고 있다.

한 여성에게 남편이 있을 수 있다. 그러나 그렇다고 해서 그녀
에게 언제나 배우자가 있다는 것을 의미하지는 않는다. 또 물리
적으로나 정서적으로 가족을 떠나 있는 남편들도 있다. 심지어
아주 훌륭한 배우자라고 해도 아내의 모든 필요를 언제나 다 채
워줄 수 있는 것은 아니다.

가정의 경제적인 필요를 채우는 데 배우자가 도움을 주지 않는다 할지라도 하나님은 도우실 수 있다. 반려자의 역할을 해주는 이가 없다 할지라도 하나님은 언제나 함께하시며 적극적으로 개입할 것을 약속하셨다. 어떤 결정을 내릴 때나 도움이 필요할 경우에 하나님이 지혜를 주겠다고 약속하셨다.

누군가에게 필요한 사람이나 누군가가 원하는 사람이 되고 싶은 간절한 마음이 있을 때, 하나님이 당신을 부르셨다는 사실을 기억하라. 누군가 이야기할 사람이 필요하다면 하나님이 언제나 들어주실 것이다. 하나님은 우리 삶의 비어 있는 모든 영역을 기꺼이 채워주고자 하신다.

배우자가 없거나, 있어도 당신의 필요를 채워주지 않는다고 해서 초조해하거나 두려워하거나 낙심하지 마십시오. 하나님께서 개입하셔서 보호하고 공급하고 힘 주고 친구가 되어주실 것입니다.

097

돈 이 전 부 가 아 니 다

적은 소득이 공의를 겸하면 많은 소득이 불의를 겸한 것보다 나으
니라_잠 16:8

존은 꿈꾸던 일을 하고 있었다. 그는 작지만 성장해가는 항공
회사의 인사 담당자였다. 그가 바라는 게 하나 더 있다면 그것은
비행 조종사가 되는 것이었다.

그러던 어느 날 존이 일하던 항공회사가 큰 타격을 입었다. 회
사는 정부의 도움을 받으려 했지만 성사되지 않았다. 다른 회사
들이 회사를 매입할 생각을 하고 있었다.

그 회사를 인수하려고 나선 사람은 음란한 일에 자금을 투자
하는 것으로 잘 알려진 사람이었다. 존은 그런 회사의 윤리관을
받아들일 수 없었다. 그래서 그 사람이 항공회사를 인수하게 된
다면 직장을 떠나기로 다짐했다. 그것은 자신이 꿈꾸던 일을 포

기하는 것이 될 것이다. 또 그만한 보수를 주는 다른 직장을 구하기도 쉽지 않을 것이다. 존은 이런 사실을 잘 알고 있었다.

아마 존과 비슷한 상황에 처해본 적이 있을 것이다. 신체의 일부를 노출하면 그 대가로 큰돈을 주겠다는 제안을 받거나, 회사가 불법적인 일을 꾸미는 것에 대해 눈을 감아주면 상응하는 대가를 챙겨주겠다는 제안을 받아본 적이 있을지도 모른다. 상사를 위해 거짓말을 하거나, 불의한 일을 통한 승진의 유혹을 받는 등의 궁지에 빠져본 적도 있을지 모른다.

그런 상황에 처해 있다면 잠언 16장 8절이 당신을 위한 구절이 될 것이다. 아직 그런 상황에 처해보지 않았다면 마음을 정하고 바른 방향으로 나아가는 데 도움을 줄 것이다. 돈은 이 세상에서 상당히 좋은 것이 될 수 있다. 즐거운 도구가 될 수 있다. 그러나 돈이 좋은 것이라 해도 어떻게 취하느냐는 다른 문제다. 신념을 가지고 청렴하게 살아가는 것은 불의한 방법으로 돈을 취하는 것과 비교할 수 없다.

———

정직하고 도덕적이며, 하나님께서 싫어하실 일이 없는 방법을 늘 선택하십시오. 그 결과 돈을 많이 벌 수 없을지 모르지만 하나님이 당신의 필요를 채워주심을 경험할 것입니다.

098

하나님의 도구로 쓰임받다

이때에 네가 만일 잠잠하여 말이 없으면 유다인은 다른 데로 말미암아 놓임과 구원을 얻으려니와 너와 네 아버지 집은 멸망하리라 네가 왕후의 자리를 얻은 것이 이때를 위함이 아닌지 누가 알겠느냐 _에 4:14

에스더는 내적으로나 외적으로나 아름다운 여인이었다. 그래서 그녀가 왕비로 선택된 것은 그리 놀라운 일이 아니었다. 그녀도 그 지위를 누리고 있는 듯했다. 그런데 어느 날 왕에게 조언을 하는 신하가 유다 민족을 모두 몰살시키려 한다는 사실을 알게 되었다. 남편인 왕이 한 민족 전체를 몰살하려 한다는 것은 생각만으로도 엄청나게 충격적인 일이다. 그러나 에스더에게는 그 이상의 고민이 있었다. 그것은 그녀가 유다인이라는 것을 왕과 그 신하가 모르고 있다는 사실이었다.

에스더는 자기 목숨을 구하는 데에만 신경 쓸 수도 있었다. 그러나 그녀의 사촌 오빠는 하나님이 그분의 백성을 구하는 도구로 그녀를 권세 있는 자리에 두셨을 수 있음을 상기시키며, "이 때를 위해" 그녀가 왕궁에 있게 된 것이라고 지적했다.

에스더의 반응은 그녀가 아름다울 뿐 아니라 지혜로운 여인임을 보여준다. 그녀는 겁먹고 당황하는 대신 기도했다. 동족 모두에게 금식하고 기도할 것을 요청했다. 그런 뒤 하나님이 자기에게 주신 모든 지혜와 아름다움을 동원했다. 그리고 하나님께서는 유다 민족을 구하는 일에 에스더를 사용하셨다. 그녀는 그 목적을 위해 적재적소에 있었다.

하나님이 목적을 갖고 에스더를 적소에 두셨던 것처럼 우리에게도 그리하신다. 우리는 하나님이 세우신 계획의 일부를 이루고 있다. 우리가 특정한 학교나 단체에 참여하고 있는 것도 우연히 그렇게 된 것이 아니라 하나님만이 아시는 어떤 이유 때문일 수 있다. 어떤 사람을 새로 알게 되었다면 그것은 당신이 알지 못하는 하나님의 뜻일 수도 있다.

―――――

하나님을 섬기면서 하나님의 인도하심을 구하십시오. 하나님이 당신을 적당한 때에 적절한 곳에 두시고 변화를 일으키기 위해 당신을 사용하실 것입니다. 당신에게는 그저 평범해보이는 환경도 하나님께서 목적을 두고 만드신 환경일 수 있습니다.

099

하나님은 마음의 중심을 보신다

여호와께서 사무엘에게 이르시되 그의 용모와 키를 보지 말라 내
가 이미 그를 버렸노라 내가 보는 것은 사람과 같지 아니하니 사
람은 외모를 보거니와 나 여호와는 중심을 보느니라 하시더라
_삼상 16:7

티나는 엄마에게 자신의 생각과 감정을 쏟아냈다. 마음속에
있는 모든 것을 분명하게 표현하려 애썼다. 그리고 엄마가 미소를
지으면서 고개를 끄덕이고 힘을 북돋게 격려해주는 것을 보았다.
티나의 엄마는 이야기를 듣는 내내 "이해해, 무슨 말인지 알겠어.
그런 감정을 느낀 적 있었거든"이라고 말했다. 이야기를 마친 티
나가 "엄마, 엄마는 내가 무슨 말을 하는지 정말 잘 아는 것 같아
요"라고 하자, 어머니는 "나도 그랬거든"이라고 대답했다.

우리 마음은 성격의 중심이 되고 갖가지 감정을 담고 있다. 우
리 마음은 인간의 정신세계를 구성하는 섬세하고 신비로운 장소
다. 마음은 그곳으로 들어오는 모든 데이터를 받아들이고 기록하

고 반응한다. 티나가 경험한 것은 모든 사람이 다 알고 있는 사실이다. 우리 마음속에서 일어나는 일은 누군가에게 그 일을 이야기하지 않는 한 아무도 그 일을 알 수 없다. 그러나 이야기할 때이해와 공감의 빛이 스며든다. 우리가 하는 이야기에 공감하고우리가 표현하려 애쓰는 감정을 이해하는 누군가를 만나게 되면정말 기분이 나아질 뿐 아니라 위로가 된다.

하나님께서는 각 사람의 마음을 보시고, 그 깊은 생각과 바람과 소망과 두려움을 모두 아신다. 하나님이 그 누구보다 당신을잘 아신다는 사실을 깨닫고, 사무엘상 16장 7절 말씀을 붙잡으라. 하나님은 사람마다 다양한 차이가 있는 외모만 보시지 않는다. 우리 존재의 진정한 중심이라 할 수 있는 마음을 보고 주목하신다.

───

자신의 감정과 염려를 표현할 수 없을 만큼 좌절할 때나, 자신의 감정을 정말 알아줄 만한 사람이 한 사람이라도 있을까 싶을 때 하나님에게서 소망을 찾으십시오. 하나님은 당신의 마음속 깊은 곳까지 모두다 아십니다.

100

내 잔이 넘치나이다

주께서 내 원수의 목전에서 내게 상을 차려주시고 기름을 내 머리에 부으셨으니 내 잔이 넘치나이다 내 평생에 선하심과 인자하심이 반드시 나를 따르리니 내가 여호와의 집에 영원히 살리로다
_시 23:5~6

서프라이즈 파티에 초대를 받았다. 누구를 위한 잔치인가? 바로 당신이다! 너무 놀라지 마라. 곧 그런 일이 일어날 것이다. 당신이 정말로 어떤 사람인지를 온 세상에 나타내기 위해, 당신을 주인공으로 한 잔치가 벌어질 것이다. 당신이 말과 생각과 행동으로 보여준 모든 고귀한 것을, 모든 사람이 보고 칭찬하게 될 것이다. 그때가 되면 하나님이 당신을 얼마나 높이 평가하고 계시는지를 보고 어리벙벙하는 사람도 많을 것이다.

당신에게 정말로 가치 있는 삶을 살지 못했다고 말하는 이들이 있을 것이다. 하지만 하나님은 아무도 보지 못하는 것을 보신다. 그렇기 때문에 잔치를 베푸시는 것이다.

그 놀라운 진리가 시편 23편에 표현되어 있다. 하나님이 모든 나라와 시대와 민족 앞에 당신을 앉히시고 성대한 만찬을 베푸실 것이다. 머리에는 최고급 향유를 부어 사랑과 관심을 표하실 뿐 아니라, 당신이 하나님 집에 속한 왕족이라는 사실을 드러내실 것이다. 그리고 잔이 넘치도록 부어주실 것이다.

이런 일이 언제 일어나게 될지 궁금할지 모른다. 하나님은 이 구절에서, 당신이 천국에 이를 때 하나님이 결코 다른 사람들 앞에서 당신을 부끄럽게 하거나 무시당하게 놔두지 않으실 것이라는 놀라운 사실을 확실하게 보여주셨다. 하나님은 당신이 누릴 수 있는 크나큰 잔치를 베풀어주실 것이다. 심지어 당신을 좋아하지 않거나 꺼려 하는 사람들 앞에서까지 당신을 높여주실 것이다. 당신은 영원히 하나님의 집에서 살게 될 것이다.

어느 날 모든 피조물 앞에 서게 될 것입니다. 그리고 하나님이 친히 당신을 높여주실 것입니다. 그것이 바로 하나님이 당신을 위해 하시는 일입니다.

어느 날 당신은 모든 피조물 앞에 서게 될 것이다.
그리고 하나님이 친히 당신을 높여주실 것이다.
그것이 바로 하나님이 당신을 위해 하시는 일이다.